Randi Gunzenhäuser
Erika Haas

Promovieren mit Plan

Ihr individueller Weg –
von der Themensuche
zum Doktortitel

UEBERREUTER

Die Deutsche Bibliothek – CIP-Einheitsaufnahme

Gunzenhäuser, Randi
Promovieren mit Plan : Ihr individueller Weg – von der Themensuche
zum Doktortitel / Randi Ganzenhäuser / Erika Haas. -
Wien : Wirtschaftsverlag Ueberreuter, 2000
   ISBN 3-7064-0626-8 (Wirtschaftsverlag Ueberreuter)
   ISBN 3-89074-010-3 (Dr. Frank Grätz Verlag)

Unsere Web-Adressen:

http://www.ueberreuter.at
http://www.ueberreuter.de

S 0534   1 2 3 / 2002 2001 2000
Alle Rechte vorbehalten
Umschlag: INIT, Büro für Gestaltung
Copyright © 2000 by Wirtschaftsverlag Carl Ueberreuter, Wien/Frankfurt
Printed in Hungary

Vorwort

Sie wollen promovieren? Sie wissen nicht, was auf Sie zukommt? Wir sagen es Ihnen!
Im Gegensatz zu anderen Ratgebern gehen wir nicht davon aus, daß sich alle Promotionswilligen gleichen. Im Gegenteil! Gerade heute gibt es in dieser Gruppe ganz unterschiedliche Motivationsgründe und Ausgangssituationen, die sich auf den Promotionsverlauf entscheidend auswirken.
Deshalb haben wir uns die verschiedenen Arbeits- und Lebensbedingungen von Promotionswilligen vor Augen geführt und die charakteristischen Profile einzelner Gruppen herausgearbeitet. Bestimmt finden auch Sie sich in mindestens einer dieser Gruppen wieder! Die auf Sie zugeschnittenen Hinweise, Tips und Tricks in diesem Ratgeber werden Ihnen den Weg zum Ziel erleichtern: den erfolgreichen Abschluß Ihrer Promotion!

Inhalt

1	Für wen ist dieses Buch geschrieben?	11
2	Einstiegsphase	15
2.1	Selbstprüfung	15
	Checkliste: Sind Sie promotionsbereit?	15
2.2	Welches Fach und welches Thema?	16
	2.2.1 Vor- und Nachteile universitätsinterner PromovendInnen	19
	2.2.2 Vor- und Nachteile externer PromovendInnen	23
2.3	Doktorvater/-mutter suchen	31
	2.3.1 Grundsätzliches zu den betreuenden ProfessorInnen	34
	2.3.2 Betreuungsperson wechseln	35
2.4	Promotionsordnungen	36
2.5	Arbeitsplan	38
	2.5.1 Vor- und Nachteile interner PromovendInnen	40
	2.5.2 Vor- und Nachteile externer PromovendInnen	41
2.6	Rahmenbedingungen interner und externer PromovendInnen	46
	2.6.1 Unterstützungspotentiale suchen	46
	Wer kann Sie unterstützen?	46
	Was kann Sie unterstützen?	47
	2.6.2 Finanzierung sichern	48
3	Konkretisierungsphase	51
3.1	Themengebiet eingrenzen	52
	3.1.1 Vor- und Nachteile interner PromovendInnen	54
	3.1.2 Vor- und Nachteile externer PromovendInnen	56
3.2	Forschungsüberblick verschaffen	61
	3.2.1 Datenbanken, zusätzlicher technischer Support	62

		3.2.2 Ablagesystem	65
3.3		Forschungsmethode, Theorieansätze	69
		3.3.1 Vor- und Nachteile interner PromovendInnen	69
		3.3.2 Vor- und Nachteile externer PromovendInnen	70
3.4		Exposé	71
		3.4.1 Vorteile eines Exposés	71
		3.4.2 Hauptfragestellungen formulieren	72
		3.4.3 Grobgliederung erstellen	73
		3.4.4 Hypothesen entwickeln	73
		3.4.5 Arbeitsplan	74
		3.4.6 Zeitplan	75
		3.4.7 Projektplan	75
		3.4.8 Methodisches Vorgehen beschreiben	76
		3.4.9 Theoretische Ansätze ausführen	76
		3.4.10 Literaturliste zusammenstellen	77
3.5		Thema mündlich vor Fachpublikum vertreten	77
3.6		Stipendium beantragen?	80
		3.6.1 Verschiedene renommierte Stiftungen	80

4 Forschungsphase — 87

4.1	Erhebung	87
	4.1.1 Forschungsmethode	88
	4.1.1.1 Literaturarbeit	89
	4.1.1.2 Qualitative Arbeit	90
	4.1.1.3 Quantitative Arbeit	91
	4.1.1.4 Experimentelle Arbeit	93
4.2	Auswertungsphase	94
	4.2.1 Auswertungsschema erstellen	94
	4.2.2 Auswerten	95
4.3	Arbeits- und Zeitplan überprüfen	96
	4.3.1 Vor- und Nachteile interner PromovendInnen	98
	4.3.2 Vor- und Nachteile externer PromovendInnen	99

| **5** | Erstellungsphase .... | 101 |

5.1 Material eingrenzen 102
5.2 Gliederung 102
5.3 Hypothesen überprüfen 104
5.4 Das erste Kapitel 104
    5.4.1 Formulierungshürden überwinden 105
    5.4.2 Formale Standards abklären 110
5.5 Projekt in überschaubare Einzelteile zerlegen 110
5.6 Arbeits- und Projektplan 110
    5.6.1 Arbeitsplan überprüfen 111
    5.6.2 Projektplan überprüfen 111
5.7 Zwischenergebnisse sichern, Ablage, Datensicherheit 112
5.8 Zitate, Fußnoten und Bibliographie 114
5.9 Vorveröffentlichungen 118
    5.9.1 Weitergabe sensibler Daten und Ergebnisse 119
5.10 Rahmenbedingungen 120
    5.10.1 Universitäre Rahmenbedingungen klären 120
    5.10.2 ZweitgutachterIn ins Auge fassen und informieren ... 121
    5.10.3 Rückmeldung und Support suchen 122
    5.10.4 Wissenschaftlicher Austausch 123
    5.10.5 Netzwerke nutzen 123
    5.10.6 Krisenzeiten, Chaosabwehr, Durchhaltestrategien 123
    5.10.7 Ausgleich und Entspannungsphasen integrieren 125
    5.10.8 Rückzug für die Endphase vorbereiten 126
    Checkliste: Rückzug vorbereiten 127

| **6** | Endphase .... | 129 |

6.1 Vorläufige Version erstellen 130
    6.1.1 Arbeit optimieren, nicht umschreiben 131
6.2 Abgabe 135
    6.2.1 Letzte bürokratische Hürden 136
6.3 Vorbereitung der mündlichen Prüfung für interne
    und externe PromovendInnen 137

       6.3.1 Inhaltliche Vorbereitung 138
       6.3.2 Psychologische Vorbereitung 139
6.4   Veröffentlichung vorbereiten und durchführen 141

7   **Warum es sich dennoch lohnt zu promovieren** 145

1 | Für wen ist dieses Buch geschrieben?

Dieses Buch richtet sich an alle Menschen, die eine Promotion andenken, planen oder bereits eine Dissertation schreiben.
Die meisten einschlägigen Ratgeber gehen implizit davon aus, daß es sich bei den Promovierenden um eine homogene Gruppe handelt. Faktisch ist dies nicht der Fall. Die Bandbreite erstreckt sich vom „frisch gebackenen" Betriebswirtschaftler mit einer Promotionsstelle an der Universität über die erfolgreiche Managerin, die sich vom Doktortitel einen weiteren Karrieresprung verspricht, bis hin zum Hochschulabsolventen, der nach der Familienphase auf beruflichen Erfolg nicht verzichten möchte. Das Verfassen einer Dissertation und das Erfüllen der Promotionsvoraussetzungen ist auf Grund der jeweiligen Lebens- und Arbeitssituation mit unterschiedlichen Vor- und Nachteilen behaftet. Deshalb haben wir uns Gruppen mit verschiedenen Rahmenbedingungen vor Augen geführt und sie differenziert, ihre Vor- und Nachteile benannt, die strukturellen Stärken und Schwächen herausgearbeitet und – zugeschnitten auf die jeweilige Situation – nach Tips und Tricks gesucht.
Vielleicht stellen Sie fest, daß Sie sich in verschiedenen Gruppenbeschreibungen ein Stück weit wiederfinden. Lesen Sie das Buch also trotz Zielgruppendifferenzierung ganz und an den für Sie ausgewiesenen Stellen ganz besonders intensiv durch. Auch wenn Sie sich als Mitglied einer spezifischen Zielgruppe identifizieren können, ist es empfehlenswert, in den für andere Zielgruppen ausgewiesenen Textpassagen zu lesen. Nichts ist so wichtig wie der Vergleich! Es kann sein, daß Sie durch die Kenntnis der Situation anderer Promotionswilliger Ihre eigene Position plötzlich als privilegiert empfinden oder zumindest in ihrem Anstrengungsgrad relativieren.

Zur Kennzeichnung: Die unterschiedlichen Zielgruppen werden mit verschiedenen Icons (Symbolen) versehen und lassen so die Lektüre „speziell für ..." zu. Selbstverständlich gibt es auch eine ganze Reihe von allgemeingültigen Hinweisen, Ratschlägen und Informationen. Sie sind für alle LeserInnen wichtig.

Der Aufbau des Buches folgt den chronologischen Abschnitten einer Promotion. Auch wenn Sie sich mit einzelnen Abschnitten bereits befaßt haben, raten wir Ihnen dringend, zuerst einmal das ganze Buch durchzulesen. Einen realistischen Projektplan können Sie tatsächlich erst dann entwerfen, wenn Ihnen die zukünftigen Tücken bei der Planung bereits vor Augen stehen. Nehmen Sie sich diesen Ratschlag zu Herzen, und befolgen Sie ihn!

Zur Schreibweise: Da immer mehr Frauen die Promotion anstreben, wird im folgenden Text das große I bemüht. Ebenso haben wir es in aller Regel vermieden, die holprige Formulierung „Doktorvater/Doktormutter" zu verwenden, und weichen meist auf den Begriff „Betreuungsperson" aus.

Wenn Sie zu folgenden Personengruppen zählen, sind Sie bei uns gut aufgehoben:

[in] Die Gesamtgruppe der intern Promovierenden setzt sich aus folgenden Untergruppen zusammen:

[1] Gruppe 1:
Sie arbeiten an dem Lehrstuhl, an dem Sie promovieren, und haben eine volle Stelle, im Rahmen derer Sie sich weiterqualifizieren sollen. Diese Stelle ist zeitlich befristet, und Sie kommen wegen Arbeitsüberlastung nicht zur Promotion. Das muß nicht so sein.

[2] Gruppe 2:
Sie arbeiten an dem Lehrstuhl, an dem Sie promovieren wollen, und haben eine der beliebten Viertel- oder Achtelstellen inne, für die Sie in der Regel ganztägig beschäftigt werden. Sie wollen neben der Abfassung Ihrer Dissertation nur noch überleben.

3 Gruppe 3:
Sie arbeiten als Lehrbeauftragte/r an dem Lehrstuhl, an dem Sie promovieren, und haben damit viel zu viel Arbeit, aber kein Geld, so daß Sie sich neben Lehrauftrag und Promotion noch eine andere Arbeit suchen müssen, die Sie ernährt. In diesem Fall stehen Sie zwischen Internen und Externen.

ex Die Gesamtgruppe der extern Promovierenden setzt sich aus folgenden Untergruppen zusammen:

4 Gruppe 4:
Sie haben nach Ihrem Hochschulabschluß (Diplom, Magister, Staatsexamen) bereits einen Beruf ergriffen, sich etabliert bzw. Karriere gemacht und wollen nach einigen Berufsjahren nun parallel zur Berufstätigkeit den Doktortitel erwerben.

5 Gruppe 5:
Sie haben nach Ihrem Hochschulabschluß eine Familie gegründet und sich einige Jahre vorrangig um sie gekümmert. Jetzt sind die Kinder „aus dem Gröbsten raus", und Sie wollen den Doktortitel erwerben, um sich geistig zu betätigen und Ihren Wiedereinstieg in den Beruf vorzubereiten.

6 Gruppe 6:
Sie wollen neben der Betreuung der Kinder und der Versorgung des Haushalts promovieren, weil Sie Ihre Karriere nicht unterbrechen wollen.

7 Gruppe 7:
Sie arbeiten nach dem Hochschulabschluß unterqualifiziert, weil der Arbeitsmarkt auch für AkademikerInnen nicht besonders günstig ist, fühlen sich aber geistig nicht ausgelastet und wollen sich durch die Dissertation beruflich verbessern.

8 Gruppe 8:
Sie müssen zur Finanzierung Ihrer Promotion nebenher arbeiten. Sie sind zwar angemessen untergebracht, wollen sich aber beruflich durch den Erwerb des Doktortitels noch verbessern.

9 Gruppe 9:
Sie suchen zu einem fortgeschrittenen Lebenszeitpunkt eine neue Herausforderung und wollen mit Ihrer Dissertation etwas Bleibendes für die Nachwelt hinterlassen.

10 Gruppe 10:
Sie haben – oder haben Aussicht auf – ein Stipendium von einer der möglichen Promotionsstiftungen und arbeiten in Vollzeit an Ihrer Dissertation, leiden aber unter der Isolation, mangelndem Austausch und Informationsdefizit.

11 Gruppe 11:
Sie können es sich finanziell leisten, den ganzen Tag Ihrer Promotion zu widmen, und leiden noch mehr unter Isolation, mangelndem Austausch und Informationsdefizit.

12 Gruppe 12:
Vielleicht jobben Sie auch nur neben Ihrer Promotion und nehmen weiterhin an verschiedenen Seminaren und dem Universitätsleben teil. Dann sind auch Sie wie Gruppe 3 zwischen intern und extern angesiedelt – fühlen sich vielleicht sogar eher als StudentIn denn als Berufstätige/r. Sie können sich Ihre Zeit flexibel einteilen, halten Kontakt und verfügen über die nötigen Austauschmöglichkeiten. Sie haben zwar wenig Geld, sind es aber gewöhnt, ein studentisches Leben zu führen, und brauchen es deshalb auch nicht.

F Besondere Hinweise für alle Frauen.

all Diese Abschnitte gelten allen Gruppen.

! An dieser Stelle aufgepaßt!

Wenn Sie sich angesprochen fühlen, dann lesen Sie dieses Buch. Da sich die Autorinnen nicht nur für fähig, sondern auch für fehlbar halten, freuen wir uns über Ergänzungsvorschläge oder Korrekturen. Schreiben Sie uns an folgende Adressen: E.haas@lrz.tu-muenchen.de oder 1006.1120@compuserve.com

2 Einstiegsphase

2.1 Selbstprüfung

Bevor Sie in das Promotionsprojekt einsteigen, sollten Sie sich prüfen und Ihre Motivation und Durchhaltefähigkeit testen.

! Eine fast abgeschlossene Dissertation ist nicht nur *keine* Dissertation, sondern unter Umständen ein wesentlicher Zeit-, Geld- und Energieverlust. Deshalb ist es wichtig, daß Sie sich – bevor Sie starten – noch einige Fragen stellen und folgende Checkliste selbstkritisch prüfen.

> **Checkliste: Sind Sie promotionsbereit?**
>
> a) Erwarten Sie größere Veränderungen im familiären Bereich (z. B. Eheschließung, Scheidung, Kinder ...)?
>
> b) Erwarten Sie größere Veränderungen im beruflichen Leben (z. B. Berufseinstieg, Stellenwechsel, neue Position im Unternehmen ...)?
>
> c) Haben Sie Schwierigkeiten, die erforderliche wöchentliche Arbeitszeit für die Abfassung einer Dissertation sicherzustellen?
>
> d) Planen Sie größere finanziell und zeitlich belastende Projekte (z. B. Kauf einer Eigentumswohnung oder Bau eines Hauses)?
>
> e) Steht Ihr Partner/Ihre Partnerin Ihrem Promotionsvorhaben ablehnend gegenüber?
>
> f) Fürchten Sie, daß Sie bei der Abfassung einer Dissertation Ihren ganzen Tagesablauf bzw. Ihre jetzige Lebensweise einschneidend verändern müßten?
>
> g) Sind Sie sich noch nicht darüber klar, wie wichtig der Doktortitel für Sie ist?

h) Sind Sie gesundheitlich angeschlagen?

i) Sind Sie besonders großen psychischen Belastungen ausgesetzt?

Erst wenn Sie möglichst alle Fragen mit „nein" beantwortet haben, stehen Ihrem Promotionsvorhaben keine größeren Hindernisse entgegen. Die Rahmenbedingungen für einen zügigen Fortschritt Ihrer Dissertation sind optimal.

[Copyright: Dr. Frank Grätz]

2.2 Welches Fach und welches Thema?

Wenn Sie mit einer Promotionsidee „schwanger" gehen, bietet es sich an, am Lehrstuhl, an dem Sie Ihren Hochschulabschluß gemacht haben, die Fühler auszustrecken und Ihre ehemalige Betreuungsperson zu befragen. Entweder kommt diese selbst als Promotionsbetreuung in Frage, oder sie kann Sie bei der Auswahl einer alternativen Betreuungsperson beraten und informelle Kontakte für Sie spielen lassen. Überlegen Sie, ob Sie nicht in einem Ihrer Nebenfächer promovieren wollen und können, und sprechen Sie darüber mit Ihren NebenfachprüferInnen. Berücksichtigen Sie allerdings in diesem Fall, welche Zusatzleistungen Sie erbringen müssen.

Zwar steckt das viel beschworene Postulat der Interdisziplinarität trotz allgemeiner Anerkennung auf Grund der „Abschottungstendenzen" der einzelnen Disziplinen immer noch in einer Warteschleife. Vielleicht kommt für Sie aber trotzdem ein interdisziplinäres Thema und Fach in Frage: Wenn Sie z. B. aus dem Bereich der Wirtschaftswissenschaften kommen, ist es grundsätzlich möglich, etwa in Wirtschaftsgeschichte, -politik, -psychologie oder -soziologie eine wissenschaftliche Heimat zu finden. Sie sollten in dem jeweils gewählten Zusatzfach jedoch bereits einige Kenntnisse aufweisen. Selbstverständlich müssen Sie Ihr Thema auch so formulieren, daß es in die je-

weils gewählte Disziplin paßt. Da aber auch innerhalb der speziellen Fachbereiche unterschiedliche theoretische und methodologische Präferenzen gesetzt werden, ist es wichtig, daß Ihre Vorstellungen über die Bearbeitung eines Themas mit denen des jeweiligen Lehrstuhls bzw. der Betreuungsperson kompatibel sind.
Natürlich können Sie auch einen anderen Weg gehen, indem Sie gezielt eine Fakultät, ein Fach und/oder einen Professor/eine Professorin auswählen, die Ihrem Wunsch nach einer möglichst schnellen und reibungslosen Promotion entgegenkommen. Es kann sich also anbieten, zuerst verschiedene Promotionsordnungen zu studieren, bevor Sie eine Enscheidung treffen. An vielen Fakultäten ist es z. B. notwendig, das Latinum nachzuweisen. Es lassen sich aber durchaus Promotionsordnungen finden, die Zulassungsbedingungen besonders großzügig regeln.
Viele Wege führen zur Promotion. Prinzipiell kann ein Diplom-Ingenieur/eine -Ingenieurin auch an einer philosophischen oder pädagogischen Fakultät promovieren, wenn die Voraussetzungen stimmen oder eine individuelle Lösung mit der Betreuungsperson ausgehandelt wird.

! Die Wahl des Themas ist genauso entscheidend wie die Mitarbeit der Betreuungsperson.

Es gibt grundsätzlich *zwei Möglichkeiten*, wie Sie zu einem Thema kommen können: In manchen Wissenschaftsbereichen ist es selbstverständlich, das Thema von der Betreuungsperson vorgesetzt zu bekommen bzw. aus ihrem Themenangebot eines auszuwählen; in anderen Disziplinen schlagen Sie selbst ein Thema vor. Prüfen Sie die Vergaberoutine, die im Fach Ihrer Wahl bzw. am Lehrstuhl Ihrer Wahl Usus ist, bzw. überprüfen Sie für sich, was Sie selbst bevorzugen. Wenn Sie sich bei einer Betreuungsperson vorstellen, die es gewohnt ist, daß sich potentielle KandidatInnen eigene Themenvorschläge überlegt haben, sollten Sie keine Themenkonsumhaltung an den Tag legen. Auch im umgekehrten Fall kann dies zu irreparablen Problemlagen führen.

Bevor Sie sich allerdings mit den Präferenzen der Betreuungsperson beschäftigen, sollten Sie in sich gehen; sich überlegen, wie Sie selbst gerne vorgehen möchten, und erst dann die Suche nach der optimalen Betreuungsperson beginnen. In jedem Fall sollten Sie nämlich ein Minimum an Interesse an der Fragestellung, für die Sie sich entschieden haben, mitbringen.

Beides, sowohl das Auswählen eines eigenen Themas als auch die Übernahme eines gestellten Themas, hat Vor- und Nachteile.

- Ein selbst gewähltes Thema hat meist etwas mit der Person zu tun, die es bearbeitet. Dieses größere Engagement für ein eigenes Thema kann für das Dranbleiben und Durchhalten und letztlich für die Fertigstellung entscheidend sein. Auf der anderen Seite kann es Sie aber auf Grund der größeren Involviertheit zu Distanzverlust und zum Verzetteln verführen. Um dieser Gefahr zu entgehen, sollten Sie sich um einen kontinuierlichen Austausch mit Fachleuten bzw. Menschen in der gleichen Situation bemühen und ein gut funktionierendes Netzwerk aufbauen.

- Themen, die von der Betreuungsperson vorgegeben werden, haben den Nachteil, daß Sie schneller in Motivationslöcher fallen. Ihr Vorteil ist jedoch, daß sich Ihr persönliches Engagement in Grenzen hält und es Ihnen eventuell leichter fällt, ein eher technisches Verhältnis zu Ihrer Arbeit zu entwickeln. So können Sie – bei entsprechender Disziplin – die einzelnen Kapitel und Arbeitsschritte schneller „abhaken".

! Die eigenen theoretischen, methodologischen und inhaltlichen Interessen sollten mit denen der Betreuungsperson übereinstimmen. Dies muß bei der Wahl des Lehrstuhls und der Universität berücksichtigt und vorab geprüft werden. Die Wahl des Faches und des Themas sind bereits mit der Wahl der Betreuungsperson verknüpft.

2.2.1 Vor- und Nachteile universitätsinterner Promovendlnnen

in Die Vorteile von denen unter Ihnen, die als an der Universität beschäftigte Personen promovieren wollen, scheinen auf den ersten Blick deutlich zu überwiegen. Sie kennen sich am Lehrstuhl und Fachbereich aus, wissen um die Kommunikations- und Machtstrukturen, die jeweils gelten. Dieses informelle Wissen über das spezifische wissenschaftliche Milieu ist viel wert. Außerdem verfügen Sie über Kontakte zu den anderen Lehrstühlen im Fachbereich und wissen über die inhaltlichen Präferenzen Bescheid, die dort jeweils verfolgt werden.
Eingebettet in ein gut funktionierendes Netzwerk zu anderen KommilitonInnen können Sie regen Austausch pflegen und über Informationen verfügen, an die Externe nicht so leicht herankommen. Wenn Sie während des Studiums bereits eine Beschäftigung als studentische Hilfskraft bekleideten, werden Sie wissen, daß eine solche „Insiderposition" nicht selten auch die Weiterbeschäftigung nach einem guten Diplom befördern kann. Nutzen Sie also die Chancen, sich frühzeitig am Lehrstuhl zu etablieren.

1 Wenn Sie eine der begehrten Stellen an der Universität erhalten haben und im Rahmen dieser Stelle promovieren können, nutzen Sie die Chancen der Vernetzung und des Austausches zwischen allen Ebenen. Wenn diese nicht vorhanden sind, dann versuchen Sie, sie zu initiieren und zu etablieren. Überprüfen Sie die Zeit, die Sie mit Forschung und Lehre verbringen, und sorgen Sie dafür, daß noch genügend Zeit für die Promotion bleibt. Sie sollten sich von Beginn der Beschäftigung an dafür einsetzen, die im Arbeitsvertrag vereinbarten Arbeitszeiten einhalten zu können. Ob eine ganze Stelle mit der Hälfte der Zeit für die Promotion, eine halbe Stelle oder sogar eine Viertel- oder Achtelstelle – niemand außer Ihnen selbst sorgt für die Einhaltung der Vereinbarungen.
Profitieren Sie von der Erfahrung Ihrer Vorgesetzten und KollegInnen, und schauen Sie sich bei ihnen ab, was immer Sie für Ihre Promotion,

Ihre Lehrpraxis oder eine zukünftige ProfessorInnenstelle einmal brauchen könnten. Auch als abschreckendes Beispiel kann Ihre Umgebung dienen. Halten Sie die Augen offen!

Wenn Ihre Promotion mit der Entscheidung verbunden ist, eine Stelle an einem bestimmten Institut oder innerhalb eines Projektes anzunehmen, sollten Sie sich im Vorfeld ganz genau über Ihren zukünftigen Arbeitsplatz erkundigen. Schauen Sie sich die Webseite des Institutes an, sprechen Sie mit VorgängerInnen und zukünftigen KollegInnen über das Arbeitsklima und die Belastung, die auf Sie warten.

1 Mögliche Nachteile können – wie eben angedeutet – aus der gleichen Ausgangslage erwachsen: Die Tatsache, daß Sie am Lehrstuhl Ihren ersten akademischen Abschluß gemacht haben, kann dazu führen, daß Ihre Leistungen nicht genügend gewürdigt werden und Sie in der Position der/s „ewigen StudentIn" verharren. Diesen Eindruck verstärken Sie selbst, wenn Sie sich an Ihrem Herkunftslehrstuhl weniger „erwachsen" fühlen, als Sie dies bei einem Wechsel der Universität tun würden.

Ihr Vorgesetzter/Ihre Vorgesetzte ist wahrscheinlich auch Ihre Betreuungsperson und wird Sie prüfen. Das verstärkt die Abhängigkeit, die bei einem Arbeitsplatz an der Universität ohnehin ungewöhnlich groß ist. Bemühen Sie sich, Ihre Eigenständigkeit nicht völlig aufzugeben, übernehmen Sie die Initiative, und tun Sie das Ihre, um den Zusammenhalt unter den KollegInnen zu stärken – das kann Ihre Position der Betreuungsperson gegenüber verbessern. Vermeiden Sie aber andererseits jedes Mobbing, und beugen Sie der Frontenbildung zwischen Gruppen nach Kräften vor.

Sie haben zwar den Vorteil der institutionellen und informellen Anbindung, aber die Praxis zeigt: Wer immer da ist, auf den wird auch immer zugegriffen! Ob Studierende oder andere Beschäftigte, Sie sind bei allen gefragt und werden durchgehend in Anspruch genommen, was einer konzentrierten Arbeit an Ihrer Dissertation selbstverständlich nicht zugute kommt. Nicht selten arbeiten Sie dann an den Abenden und Wochenenden, was wieder mit den Ansprüchen Ihres sozialen Umfeldes kollidiert.

Hoffentlich kollidiert diese Arbeitsweise auch mit Ihren eigenen Ansprüchen! In bestimmten Wissenschaftskreisen mag es zum guten Ton gehören, Tag und Nacht an der Uni angetroffen zu werden – kein Grund für Sie, sich von solchen krankhaften Auswüchsen unter Zugzwang setzen zu lassen. Nur Menschen, die den Absprung ins soziale Geschehen nicht schaffen und denen mittlerweile nur noch die Kompensation ihrer Kontaktarmut durch die Arbeit (oder Computerspiele u. ä.) bleibt, verhalten sich so. Der Fachausdruck dafür ist nicht Fleiß, sondern Arbeitssucht.

2 Ein ähnliches Schicksal kann Sie treffen, wenn Sie – aufgrund der Stellenknappheit an den Universitäten – eine Viertel- oder Achtelstelle haben. Auch hier zahlen Sie in aller Regel einen hohen Preis für den Vorteil der institutionellen Anbindung. Sie befinden sich ebenfalls in einem massiven Abhängigkeitsverhältnis. Nicht selten strengen Sie sich deshalb besonders an und wenden ein ungleich höheres Arbeitskontingent auf, um wenigstens die Stelle zu behalten. Die Nachteile liegen auf der Hand: Sie haben nicht nur wenig Zeit, sondern auch wenig Geld – und letztlich auch noch wenig Energie für Ihre Dissertation.

F Wenn Sie zu dieser Personengruppe gehören, sind Sie mit großer Wahrscheinlichkeit eine Frau. Die vollen Stellen sind auch an den Universitäten oft mit Männern, die halben und weiter aufgeteilten Stellen in aller Regel mit Frauen besetzt, weil diese in kürzerer Zeit mehr schaffen bzw. bereit sind, mehr Arbeitszeit als bezahlt abzuleisten.

! Lernen Sie – durchaus von den Männern – sich abzugrenzen.

3 Wenn Sie zu den Lehrbeauftragten an einer Universität gehören, wissen Sie über das vollkommene Mißverhältnis von Zeitaufwand und Entlohnung Bescheid. Sie werden pro gehaltener Stunde schlecht bezahlt. Vor- und Nachbereitung, Sprechstunden, Prüfungskorrekturen, Zusammenstellung eines Skripts und verwaltungstechnische Abwicklung, all das machen Sie für die Ehre bzw. für die Zeile in Ihrem Le-

benslauf, in der Sie Ihre Lehrerfahrung nachweisen, was zugegebenermaßen von ausschlaggebender Bedeutung für Sie sein kann.
Wenn Sie darüber hinaus die Vorteile der institutionellen Anbindung nutzen wollen, vergeht für die gehaltene Doppelstunde gut und gerne ein halber Tag; und da es sehr anstrengend ist, Unterricht zu halten, fällt es danach nicht leicht, sich für weitere geistige Herausforderungen bereit zu halten.
Es kommt hinzu, daß kein Mensch von Lehraufträgen leben kann. Das heißt, daß Sie neben der ehrenvollen Tätigkeit als Lehrbeauftragte/r eine weitere Erwerbsquelle brauchen, die Sie finanziell über Wasser hält. Auch diese Kombination zwischen interner und externer Existenz verführt zur Abend- und Wochenendarbeit.

in Noch einige grundsätzlichen Worte zur institutionellen Anbindung sowie zum wissenschaftlichen und informellen Austausch in den einzelnen Fachbereichen.
Es ist wichtig, Menschen regelmäßig zu treffen, einen gemeinsamen Ort der Kommunikation zu haben und über Informationen rund um das Geschehen im Fach zu verfügen. Doch beschränkt sich der Kontakt zu Menschen aus der Wissenschaft nicht selten auf ein oberflächliches Geplänkel im Gang die Kommunikation verkommt zu einem an den Haaren herbeigezogenen Gespräch über Themen, die eigentlich niemanden interessieren, und die Informationen rund um das Geschehen im Fach arten in Klatsch und Tratsch aus.
Natürlich erfahren Sie auch mal zwischen Tür und Angel von der Dekanatssekretärin, daß Sie ohne Antrag auf Vorveröffentlichung keinen Artikel im Sammelband vom letzten Jahr hätten schreiben dürfen und dadurch jetzt Ihre Dissertation in Frage gestellt ist. Aufgrund der vertrauten Situation bietet sie Ihnen an, den Antrag rückdatiert unter der Hand nachreichen zu dürfen.
Vielleicht führen Sie ja auch tatsächlich auf dem Gang mit Ihrem Doktorvater ein so gewinnbringendes Gespräch über Ihre Arbeit, daß Sie das Kapitel, an dem Sie gerade noch mühsam laborierten, in einem Schwung noch am selben Tag zu Ende schreiben können.

Sie können auch das Glück haben, daß die informelle Vergabe einer Stelle im bewilligten Sonderforschungsbereich unter der Hand beim Kaffeetrinken an Sie geht. Letztere Beispiele sind jedoch die absolute Ausnahme und erstere die traurige Realität.

! Nutzen Sie Ihre Möglichkeiten als interne PromovendInnen, und sorgen Sie für sich, dann sorgen Sie gleichzeitig auch für die anderen:

- Organisieren Sie Ihre Arbeitszeit von Anfang an so, daß Sie Ihre Aufgaben in der jeweils dafür vorgesehenen Zeit erledigen können. Mehrarbeit wird nicht gewürdigt, sondern ausgenutzt!
- Haben Sie Mut zum Rückzug, und reservieren Sie sich Zeiten, in denen Sie sich ausschließlich Ihrer Promotion widmen – wenn es sein muß, sperren Sie von innen Ihre Türe ab, und stellen Sie Ihr Telefon ab.
- Werden Sie selbst aktiv. Wenn Ihnen die Themen und die Oberflächlichkeit des Austausches nicht gefallen, dann initiieren Sie andere, die Ihnen mehr zusagen.
- Schlagen Sie die Gründung inhaltlicher Arbeitsgruppen vor, die Ihnen bei der Beschäftigung mit Ihrer Dissertation hilfreich sein könnten.
- Zeigen Sie eigenes Profil, und nutzen Sie „lockere" Runden, um auch kritischere Fragen unterzubringen.
- Erzählen Sie von den Projekten und Inhalten, die Sie neben Ihrer Tätigkeit an der Uni beschäftigen, und fragen Sie nach, was andere derzeit inhaltlich bewegt.

2.2.2 Vor- und Nachteile externer PromovendInnen

ex Die Vor- und Nachteile externer PromovendInnen entsprechen in vielen Punkten den oben genannten – allerdings in umgekehrter Form:
Die Interna am Lehrstuhl sind Ihnen nicht vertraut; erkundigen Sie sich also über das Lehrangebot und -personal zuerst im Vorlesungsverzeichnis, im Internet und in den Sprechstunden.

Wenn Sie als Externe/r an einen Lehrstuhl kommen, besteht Ihr Vorteil eben darin, daß Sie nicht bekannt und nicht etikettiert oder zugeordnet sind. Nutzen Sie also Ihre Chance, Ihre Position und Rolle gegenüber der Betreuungsperson und den anderen MitarbeiterInnen am Lehrstuhl – bei entsprechender Begabung und/oder Vorbereitung – selbst zu gestalten. In aller Regel sind Sie als Externe/r außerdem einige Jahre älter und haben bereits zusätzliche Erfahrung auf einem außeruniversitären Gebiet gesammelt. Nutzen Sie diesen Alters- und Erfahrungsvorsprung!

4 Wenn Sie aus derjenigen Gruppe der externen PromovendInnen kommen, die nach dem Hochschulexamen in einem angemessenen Arbeitsfeld Erfahrungen und/oder Erfolge gesammelt haben, wirkt sich dies nicht nur auf Ihr Selbstbewußtsein, sondern auch auf Ihre sozialen und kommunikativen Kompetenzen aus. Machen Sie sich Ihre strukturellen und persönlichen Vorzüge klar, und wuchern Sie damit. Ihre Praxiserfahrung kann eine wertvolle Ergänzung zu Ihrem Hochschulabschluß bilden, und Praxiskontakte und -bezüge können nicht nur für die Themenabsprache befruchtend sein, sondern auch der Wissenschaft neue Erkenntnisse und Kontakte bringen. Da die Wissenschaft immer mehr auf die Zusammenarbeit mit der Praxis angewiesen sein wird, ist mittlerweile ein geschätztes Kapital das, was Sie mitbringen.
Als bereits erfolgreicher Mensch sind Sie finanziell unabhängig. Auch das ist ein nicht zu unterschätzender Vorteil, da Sie dadurch die Möglichkeit haben, Ihre Ansichten mit mehr Nachdruck zu vertreten.

5 Wenn Sie nach der Familienphase als externe/r PromovendIn eine Dissertation schreiben wollen, sind Sie in aller Regel eine Frau. Bewahren Sie sich Ihre Entschlossenheit, auch im universitären Bereich Ihren Platz zu behaupten. Vielleicht ist Ihr Selbstbewußtsein nicht besonders ausgeprägt, um nicht zu sagen, es ist nicht mehr vorhanden. Machen Sie sich klar, über welche Kompetenzen Sie verfügen. Ihre Fähigkeiten liegen im organisatorischen Bereich, und Sie haben ein ausgeprägtes Wissen über Krisenmanagement. Sie werden jede Menge Gelegenheiten haben, dieses Potential zu nutzen!

6 Dasselbe gilt für Frauen, die neben der Betreuung der Familie promovieren wollen. Organisieren Sie ein lückenloses Unterstützungssystem, beantragen Sie ein Wiedereinstiegsstipendium (siehe Kap. 3.6), und machen Sie sich ihre größte Fähigkeit deutlich: Sie sind es gewöhnt, Minutenpausen zu nutzen. Mit dieser Fähigkeit, keine noch so kurze Schlafpause des Kindes ungenutzt verstreichen zu lassen, begründet eine Untersuchung den Erfolg von Frauen, die mit Hilfe eines Wiedereinstiegsstipendiums neben der Erziehung des Kindes ein geradezu unglaubliches wissenschaftliches Produktionspensum verwirklichen.

7 Wenn Sie nach Ihrem Hochschulabschluß in einer Dequalifizierungsschleife parken und Ihre Dissertation schreiben wollen, haben Sie den Vorteil, sich mit den Verhältnissen arrangieren zu können und Ihren Kampfgeist noch nicht verloren zu haben. Ebenfalls zwei wichtige Voraussetzungen, die Ihnen im Promotionsprozeß zugute kommen werden.

8 Wenn Sie nach Ihrem Hochschulabschluß das Glück hatten, eine angemessene Stelle zu bekommen, aber weiterführende Karriereambitionen haben, die Sie mit Hilfe einer Promotion realisieren wollen, dann verfügen Sie über die Selbstsicherheit und Berufserfahrung, die Sie brauchen, um auch einen erneuten wissenschaftlichen Erfolg zu meistern. Knüpfen Sie Kontakte zu ehemaligen Mitstudierenden und ProfessorInnen.

9 Wenn Sie zu den Menschen gehören, die in ihrem Leben bereits alles erreicht haben und dennoch promovieren wollen, haben Sie neben viel Lebenserfahrung einigermaßen viel Zeit und Geld, und Sie bringen Entschlossenheit mit.

10 Wenn Sie sich ausschließlich der Dissertation widmen können, weil Sie ein Stipendium erhalten, dann haben Sie erst einmal Glück und sind in aller Regel besonders begabt. Nutzen Sie die Betreuungsangebote der Stipendiumsgeber, und schließen Sie Ihre Dissertation so schnell wie möglich ab. Nicht selten fallen StipendiatInnen nach der endgültigen Zusage in ein Produktionsloch. Bedenken Sie: Ihre Zeit ist begrenzt!

11 Wenn Sie zur Gruppe der Privatiers gehören, haben Sie ebenfalls Glück, aber auch Geld und Zeit. Nutzen Sie diese Möglichkeiten, indem Sie neben Ihrer Promotion Tagungen zu Ihrem Thema besuchen und möglicherweise selbst organisieren.

12 Wenn Sie als PromovendIn zwischen Uni und Job pendeln, sich aber eigentlich als Studierende/r fühlen, haben Sie den Vorteil, daß Sie Kontakte in beide Richtungen haben und sich am Lehrstuhl und an der Fakultät auskennen. An Austauschmöglichkeiten mangelt es Ihnen nicht. Sie partizipieren an den neuesten Entwicklungen vor Ort. Sie sind unabhängig und auf Grund Ihrer studentischen Lebensführung wenig anspruchsvoll.

ex Die Nachteile der unterschiedlichen Gruppen von Externen liegen ebenfalls auf der Hand, können aber mit etwas Geschick gehandhabt werden:

4
8 Vor allem haben Sie wenig Zeit, eben weil Sie bereits im Arbeitsleben stehen und noch weitere Ambitionen haben, sich zu verbessern. Es muß Ihnen klar sein, daß das Verfassen einer Dissertation eine sehr zeitaufwendige Sache ist. Sie haben allerdings bereits Erfahrung im Arbeits- und Zeitmanagement und auf Grund Ihres Verdienstes auch die Möglichkeit, einige zeitaufwendige Arbeiten wie die Datenbank- und Literaturrecherche zu delegieren und professionelle Betreuung hinzuzuziehen. Nutzen Sie diese Möglichkeiten!
Wenn Sie berufliche Erfolge bereits erlebt haben und über ein sicheres Auftreten verfügen, ist dies natürlich ein Vorteil, aber eben diese sozialen und kommunikativen Kompetenzen, gepaart mit Selbstbewußtsein auf der Basis von Erfahrung und Erfolg, können zwischen den beiden Kooperationsebenen durchaus auch zu Konkurrenzbeziehungen führen. Da Sie es an der Universität mit einem ganz eigenen Hierarchiesystem zu tun haben und es Ihre Betreuungsperson in aller Regel gewohnt ist, mit eher unsicheren, die Hierarchiestruktur der Universität achtenden „Untergeordneten" umzugehen, ist es schwierig, auf einer „gleichberechtigten" Ebene zu agieren. Diese Tatsache

kann zu massiven Kommunikationsstörungen und damit zu Problemlagen führen, die den Promotionsprozeß deutlich erschweren.
Anerkennen Sie also die „Vormachtstellung" Ihrer Betreuungsperson. Sie haben durchaus die Möglichkeit, sich zu profilieren, aber hüten Sie sich, während des Promotionsprozesses die unsichtbare Grenze der Macht zu überschreiten. Machen Sie sich klar, daß Sie sich in einem Über- und Unterordnungssystem befinden, in dem ganz eindeutig ist, wer was will und wer was geben kann.

F Verschärft wird die Situation, wenn Sie erfolgreich im Beruf und zusätzlich weiblichen Geschlechts sind: In diesem Fall ist ein besonderes Gespür für ein ausgewogenes Verhältnis von Selbstdarstellung und Anerkennung der Autorität der Betreuungsperson gefragt. Von Ihnen als Frau wird mehr Unterordnung erwartet als von Männern. Erfolgreiche Frauen wirken auf viele Männer noch immer bedrohlich, und diesem Faktum können Sie leider nicht auf einer rationalen Ebene begegnen. Nicht selten werden Sie in einen irrationalen Machtkampf jenseits jeglicher inhaltlicher Bezüge verwickelt. Machen Sie sich das gerade als Frau bewußt, wenn Sie merken, daß sich inhaltliche Diskussionen ohne alle Logik entwickeln: Ihr Doktorvater hat Angst! Sie müssen sie ihm nehmen. Zum Teil reicht ein bewundernder Augenaufschlag, zum Teil müssen Sie zu langwierigeren Strategiekonzepten greifen.
Wählen Sie als Frau Ihren Doktorvater besonders sorgfältig aus. Das Ausweichen auf eine Doktormutter ist nicht unproblematisch, da die wenigen Frauen, die derzeit eine C3- oder C4- Professur innehaben, oft ihrerseits mit Autoritätsproblemen zu kämpfen haben (siehe auch Kap. 2.3.1).

5
F Wenn Sie zu der Gruppe der WiedereinsteigerInnen gehören, dann fehlt es Ihnen vorrangig an Selbstbewußtsein. Sie werden sich häufig dabei ertappen, daß Sie sich nur wenig zutrauen, was nicht selten zur Folge hat, daß Sie Ihre Umwelt auch so wahrnimmt. Das ist erstens „normal", weil eine langjährige Sozialisation in der Familie solche Eigenschaften quasi zwangsläufig produziert, aber es ist zweitens auch

wieder rückgängig zu machen. Das heißt, Sie müssen an einem gegenläufigen Prozeß der Sozialisation teilhaben. Die Auseinandersetzung mit dem Wissenschaftssystem und das Abfassen einer Dissertation ist eine solche Sozialisation. Suchen Sie Frauen in einer ähnlichen Situation, oder finden Sie professionelle Hilfe, um Ihr Selbstvertrauen wieder zu kräftigen. Außerdem ist es nun an der Zeit, daß Ihre Familie Ihnen bei diesem Vorhaben zur Seite steht und es Ihnen leichter macht.

6 F Wenn Sie zu den Frauen gehören, die den Spagat zwischen Promotion und Kindererziehung wagen, dann brauchen auch Sie die Unterstützung der Familie und von Freunden, denn Sie leiden in erster Linie unter Zeitknappheit. Gleich danach kommt das schlechte Gewissen, das Sie immer dann überkommen wird, wenn Sie Ihr Kind einer anderen Person überlassen und es somit „im Stich lassen". Arbeiten Sie an dem gesellschaftlichen, von Ihnen übernommenen Vorurteil, daß Sie sich dadurch als eine „schlechte Mutter" ausweisen. Denken Sie daran: Nur eine glückliche Mutter ist auch eine gute Mutter! Nicht die Quantität an Zeit, die Sie in Ihr Kind investieren, zählt, sondern die Qualität. Überlegen Sie gut, ob Sie zu Hause mit dem Kind wirklich konzentriert arbeiten können. Denken Sie über Alternativen nach, wandern Sie etwa zum Arbeiten an der Dissertation tagsüber zu einer Freundin aus. Suchen auch Sie sich inhaltliche Unterstützung beim Schreiben Ihrer Dissertation in einer Gruppe. Gründen Sie notfalls eine.
Denken Sie daran, ein Stipendium zu beantragen. Es bietet sich ein sogenanntes Wiedereinstiegsstipendium an (siehe Kap. 3.6), das in aller Regel von den Frauenbeauftragten der Universitäten verwaltet wird. Und vor allem: Geben Sie nicht auf!

7 Sie finden sich nach Ihrem Hochschulabschluß auf einer Stelle wieder, die unterhalb Ihrer Qualifikation angesiedelt ist, und fühlen sich unterfordert. Typischerweise könnten Sie z. B. eine Germanistin sein, die jetzt als Sekretärin arbeitet, oder ein taxifahrender Politologe. Ihr Nachteil besteht ebenfalls darin, daß Ihr Selbstbewußtsein verkümmert ist und daß Sie zusätzlich über wenig Zeit und wenig Geld verfügen. Ein weiteres Problem ist, daß Sie wenig Kontakt zu ehemaligen KommilitonInnen oder der Wissenschaft allgemein haben. Aber: Nehmen Sie sich doch einmal einen alten Timer oder ein altes Adreßbuch zur Hand, und sehen Sie dort nach, wen Sie früher gekannt haben. Nehmen Sie wieder Kontakt auf. Sprechen Sie Ihre ehemaligen HochschullehrerInnen an, und holen Sie sich Anregungen, bzw. stellen Sie Fragen! Bereiten Sie solche Gespräche sorgfältig vor!

9 Sie haben beruflich bereits alles erreicht, was Sie erreichen können. Jetzt suchen Sie die Bestätigung, daß Sie noch zu einem größeren Projekt in der Lage sind, und entscheiden sich für das Schreiben einer Dissertation. Ihr Problem ist, daß Sie bereits seit einer ganzen Reihe von Jahren keine Wissenschaftskontakte mehr haben. Beschaffen Sie sich Unterstützung bei der Suche nach einer geeigneten Betreuungsperson, und überlegen Sie noch einmal ganz genau, ob es nicht doch noch einige Personen gibt, die Sie ansprechen könnten.
Ein weiteres Problem ist, daß Sie seit vielen Jahren keine wissenschaftlichen Arbeiten mehr geschrieben und neuere Entwicklungen in der Wissenschaft nicht mitbekommen haben. Suchen Sie sich in jedem Fall professionelle Hilfe, die Sie bei Ihren ersten Schritten begleitet und an die Sie sich bei Bedarf wenden können. Bedenken Sie, daß die Standards in der Wissenschaft seit der Zeit Ihres Studiums noch erheblich gestiegen sind!

10 Sie sind in der glücklichen Lage, ein Stipendium zu bekommen, und können und sollen sich den ganzen Tag um Ihre Dissertation kümmern. Da das Stipendium meist die Höhe von 1400 DM im Monat nicht übersteigt, müssen Sie häufig nebenher jobben. Bedenken Sie, daß dies Gefahren in sich birgt, weil Sie dadurch von Ihrer Hauptaufgabe abgelenkt werden und die Laufzeit des Stipendiums begrenzt ist. Wenn Sie sich ganz der Promotion widmen, werden Sie schnell merken, wie schwer es ist, in der Isolationssituation, in der Sie sich befinden, tatsächlich produktiv zu arbeiten. Suchen Sie sich eine Gruppe von Menschen, die ebenfalls in Ihrer Situation sind, und tauschen Sie sich aus. Üblicherweise vernetzen sich die StipendiatInnen jeweils einer Stiftung recht gut, oder die Stipendiengeber organisieren Treffen und geben die Möglichkeit, eigene Kontaktnetze zu schaffen. Wenn Sie Schwierigkeiten mit einem selbst organisierten Arbeits- und Zeitmanagement haben, dann lesen Sie in den Kapiteln 3.4, 4.3 und 5.6 nach, oder belegen Sie einen Kurs in Projektmanagement. Im Idealfall tun Sie beides.

Alle, die ihren Tag selbst einteilen können, kennen das Problem mit der Selbstdisziplin. Versuchen Sie, einen speziell an Ihren Fähigkeiten und Bedürfnissen orientierten Plan zu entwerfen, und arbeiten Sie ihn bis zur Perfektion aus. Verfeinern Sie die Techniken der Selbstüberlistung!

11 Als Privatier haben Sie es auf den ersten Blick am besten. Sie können es sich leisten, in aller Ruhe zu promovieren, weil Sie über Geld und Zeit verfügen. Beneidenswert!

Aber: Ihnen fehlt der Druck, den wir alle brauchen, um uns in Bewegung zu setzen, und das kann für Sie zur Gefahr werden. Auch in Ihrem Fall ist es notwendig, daß Sie einen Kreis finden, in dem Sie sich austauschen können, der Sie fordert und fördert. In aller Regel kennen Sie die Menschen, die außer Ihnen bei Ihrem Doktorvater promovieren. Wenn es aus geographischen Gründen schwierig ist, sie zu treffen, nutzen Sie die Möglichkeiten der Technik, z. B. E-mail. Für den direkten Austausch und die Beratung können Sie es sich aber auch leisten, auf professionelle Hilfe zurückzugreifen.

12 Als zwischen den Welten Wandernde/r sind Sie zwar finanziell unabhängig und zugleich noch im Universitätsleben aufgehoben, Sie sollten jedoch darauf achten, daß Sie an Ihrer Promotion dranbleiben und sich nicht aus Verliebtheit in die studentische Lebensweise weigern, (wissenschaftlich) „erwachsen" zu werden. Disziplinieren Sie sich, und achten Sie auf die Zielfrage.

2.3 Doktorvater/-mutter suchen

Wie bereits erwähnt, sind die Wahl des Faches und des Themas schon eng mit der Suche nach einer geeigneten Betreuungsperson verbunden. In jedem Fachbereich werden die angebotenen Themen durchaus unterschiedlich vertreten, je nach „Schule" (d. h. Wissenschaftsrichtung und -tradition), die sich jeweils etabliert hat. Das heißt, wenn Sie z. B. eine kritische Analyse mit Hilfe von qualitativen Erhebungsmethoden leisten wollen, scheiden konservative, mit quantitativen Methoden arbeitende Lehrstühle für Sie von vornherein aus. Aber auch wenn Theorie und Methodologie passen, sollten Sie sich Ihre mögliche Betreuungsperson genau anschauen. Sie werden die nächsten Jahre mit diesem Menschen verbringen.
Versichern Sie sich bei Ihren VorgängerInnen, daß Ihre zukünftige Betreuungsperson fair mit ihren PromovendInnen umgeht und deren Forschungsleistung respektiert (siehe dazu Kap. 5.9.1). Erkundigen Sie sich aber auch danach, innerhalb welcher Zeiträume Abschlußarbeiten an diesem Lehrstuhl zu Ende geführt werden. Es empfiehlt sich, eine Betreuungsperson auch nach dem Gesichtspunkt auszuwählen, ob sie ihre PromovendInnen nach Kräften bei der Bearbeitung unterstützt und auf einen zügigen Abschluß drängt. Lange Promotionszeiten machen sich in Ihrem Lebenslauf nicht gut.
Umgekehrt muß die Betreuungsperson Sie bzw. Ihr Thema reizvoll finden, denn für sie bedeutet die Begleitung Ihrer Dissertation in erster Linie Arbeit, Zeit und Energie, die nicht angemessen vergütet werden. Hinzu kommt, daß in Zeiten der Explosion der Studierendenzahlen auch immer mehr Menschen promovieren wollen und die Betreuungsplätze knapper werden.
Ihr Thema sollte aus diesem Grund auch für die Betreuungsperson so interessant sein, daß es seine/ihre Forschungsarbeiten sinnvoll ergänzt oder aber seine/ihre Interessensgebiete bereichern und weiterführen könnte. Das heißt, daß Sie wissen sollten, womit sich Ihre Betreuungsperson aktuell beschäftigt bzw. welche Themen sie kontinuierlich begleitet. Für Interne ist es nicht schwer, sich auf laufende

Forschungsfragen einzustellen. Externe bringen zusätzliche Praxiserfahrungen mit, die für das Forschungsfeld der Betreuungsperson einen Gewinn darstellen können.

`ex` Aber wie finden Externe heraus, womit sich die Betreuungsperson aktuell befaßt? Sie können sich zum einen die Veröffentlichungsliste durch die Sekretariatsmitarbeiterin zuschicken lassen, zum anderen in den aktuellen Vorlesungsverzeichnissen nachschlagen, die in den Universitätsbibliotheken zu finden sind. Sie können dort aber auch in den Führer durch die Deutschen Lehr- und Forschungsstätten (*Vademecum*) schauen und sich eine bundesweite Übersicht über alle Lehr- und Forschungseinrichtungen unter Angabe der dort lehrenden ProfessorInnen und der Forschungsschwerpunkte verschaffen. Wichtig ist, daß Sie die jeweils aktuelle Auflage benutzen, denn personelle und inhaltliche Veränderungen innerhalb weniger Jahre sind mittlerweile üblich. Außerdem können Sie sich auf der Webseite des Instituts kundig machen.

Fassen Sie mehrere mögliche Betreuungspersonen ins Auge, da die Wahrscheinlichkeit der Ablehnung aus oben genannten Überlastungsgründen der einzelnen Betreuungspersonen relativ hoch ist.

Wenn es in Ihrem Fach eine Abschlußnotenbegrenzung gibt, muß Ihre Prüfungsnote in aller Regel besser als 2,5 sein. In diesem Fall müssen Sie damit rechnen, daß Ihre Betreuungsperson bereits beim ersten Kontakt nach Ihrer Note fragt. Wenn Sie diesem Kriterium nicht genügen, sollten Sie sich entweder eine Universität bzw. einen Fachbereich suchen, an dem Sie mit einer schlechteren Note angenommen werden; oder Ihre Betreuungsperson muß sich besonders für Sie einsetzen und das auch vor dem Fachbereichsrat vertreten und durchsetzen. Das heißt für Sie, daß Sie besonders interessant für die Betreuungsperson sein müssen. Bereiten Sie sich gegebenenfalls auf eine brillante Verhandlungsführung vor.

Wenn Sie schließlich eine Betreuungsperson für sich gefunden haben, empfiehlt es sich, auf den Aufbau und die Etablierung der Kommunikationsstrukturen besonderen Wert zu legen. Egal, welche Form des

Austausches gewählt wird, sie sollte von Beginn der Promotionszeit an festgelegt sein. Es gibt Betreuungspersonen, die sehr intensiv betreuen, und solche, die sich nahezu gar nicht in den Promotionsprozeß einklinken. Beides hat natürlich Vor- und Nachteile:
Wenn Sie eine Betreuungsperson finden, die sehr intensiv betreut, haben Sie Glück gehabt, denn der intensive Austausch garantiert die Erarbeitung einer gemeinsamen Linie, und Korrekturen können zu einem sehr frühen Zeitpunkt vorgenommen werden. In der Regel ist dies außerdem günstig für eine zügige Bearbeitung des Themas. Der intensive Austausch mit Ihrer Betreuungsperson kann aber auch dazu führen, daß immer wieder neue thematische Ideen – je nach aktuell gelesenem Artikel o. ä. – in Ihrer Arbeit Niederschlag finden sollen. Wägen Sie also nicht erst während des Schreibprozesses genau ab, ob Sie jeden Vorschlag aufgreifen sollen, und melden Sie eventuelle Zweifel rechtzeitig an.

! Es ist wichtig, im Umgang mit der Betreuungsperson Klarheit zu schaffen.

Die Laisser-faire-Betreuung hat den Vorteil, daß Sie gute Bedingungen für ein selbstverantwortliches und selbstorganisiertes Arbeiten vorfinden. Sie kann aber auch dazu führen, daß Ihre Betreuungsperson bei Vorliegen der Arbeit plötzlich feststellt, daß sie sich Ihr Werk ganz anders vorgestellt hätte.
Grundsätzlich sollte also ein regelmäßiger Austausch stattfinden, zumindest immer dann, wenn ein neues Kapitel vorliegt, damit Sie keine allzu bösen Überraschungen erleben.
Offiziell beginnt Ihre Promotionszeit, wenn Sie bei der Fakultät Ihrer Wahl angemeldet sind. Informieren Sie sich im Dekanat darüber, welche Unterlagen Sie vorlegen müssen, damit Sie auf die Tagesordnung der nächsten Fachbereichsratssitzung gesetzt werden. Der Fachbereich entscheidet dann über Ihre formale Aufnahme ins Promotionsverfahren. Jetzt sind Sie ein richtiger Promovend/eine richtige Promovendin!

2.3.1 Grundsätzliches zu den betreuenden ProfessorInnen

Wer kennt das nicht: Einmal begegnet mir die Betreuungsperson wie ein offener und konstruktiver Zeitgenosse, das nächste Mal werde ich offensichtlich grundlos „zu Boden kritisiert". Wie bereits oben erwähnt, sind Doktorväter und Doktormütter eben nur noch sehr selten wirklich gute „alleinerziehende Eltern". Das ist nicht unbedingt böser Wille, sondern oftmals auf Grund der Arbeitsüberlastung gar nicht mehr anders möglich. Häufig muß leider ganz grundsätzlich an der pädagogischen Eignung der Betreuungsperson gezweifelt werden. Diese Tatsache liegt nicht immer in der Persönlichkeit der Betreuungsperson begründet, sondern erklärt sich meistens durch Erfahrungen, die strukturell aus dem spezifischen Sozialisationsproze0 gewonnen werden. Die Struktur der universitätsspezifischen Hierarchiebedingungen gründet in ihrer alten Tradition, die zuweilen als „Muff" beschrieben wurde.

Das heißt, daß die Sozialisation jedes Doktorvaters/jeder Doktormutter bis zur Besetzung eines C3- oder C4-Lehrstuhls eine Sozialisation der Unterordnung und der Akzeptanz von rigiden Machtstrukturen bedeutet. Es gibt nur wenige Lehrende an Hochschulen, die von solchen Erfahrungen verschont geblieben sind. Setzen Sie also keinen modernen und konstruktiven Führungsstil voraus. Erkenntnisse in der Personenführung werden an der Universität meist bestenfalls theoretisch aufbereitet.

Die spezifischen Konstitutionsbedingungen an den meisten Universitäten sind zudem geprägt von starrer Hierarchie, gepaart mit einem aufgeblähten Apparat der Bürokratie und häufig gezeichnet durch verfahrene Kommunikationsstrukturen zwischen den einzelnen Lehrstühlen und Fakultäten. Das sollten Sie wissen, weil es bei Nichtbeachtung dieser spezifischen Strukturen zu kleineren und größeren Schwierigkeiten kommen kann.

! Schwierigkeiten dieser Art haben nichts mit Ihrer Person als Promovendln zu tun, sondern liegen meistens an nicht durchdachten Führungskonzepten und Tagesbefindlichkeiten der Betreuungsperson. In aller Regel empfiehlt es sich also, eine maßvolle Distanz zur Betreuungsperson zu üben und sich in jeder Situation darüber klar zu sein, wer im Zweifelsfall das Sagen hat. Dies ist kein Plädoyer für die Fortführung der Tradition der Unterwürfigkeit, sondern es ist der Versuch einer realistischen Situationsbeschreibung. Unterwürfigkeit kommt übrigens auch nur begrenzt gut an. Eine Portion davon ist sicherlich gut, aber darüber hinaus sollte unbedingt auch eigenes Profil gezeigt und dann und wann Widerspruch gewagt werden. Es ist also ein heikles Unterfangen, während des gesamten Promotionsverlaufes ein gutes Klima herzustellen.

Gute Erfahrungen wurden übrigens mit ProfessorInnen gesammelt, die es auf Grund von guten eigenen Leistungen und ihres fortgeschrittenen Alters nicht mehr nötig haben, Machtrituale zu inszenieren. Sie sollten nur darauf achten, daß das Alter nicht zu weit fortgeschritten ist, weil es einer Katastrophe nahe kommt, wenn die Betreuungsperson während der Promotionszeit stirbt.

! Doktorväter und Doktormütter sind auch nur Menschen – allerdings Menschen, die häufig ähnliche Erfahrungen gesammelt haben und die deshalb auch strukturell ähnliche Verhaltensweisen an den Tag legen, die Sie dringend berücksichtigen sollten.

2.3.2 Betreuungsperson wechseln

Es gibt Situationen, in denen Sie gezwungen sind, die Betreuungsperson zu wechseln. Einleuchtend ist dies im Falle des Todes oder einer schwerwiegenden Erkrankung der Betreuungsperson. In diesem Fall können Sie glücklicherweise auf das Mitgefühl des Lehrstuhles/der Fakultät zählen und finden in aller Regel Unterstützung.
Wenn Sie aber auf grundsätzliche Verständigungsschwierigkeiten bei Ihrer Betreuungsperson stoßen, sollten Sie mit anderen Personen über

dieses Problem sprechen, bevor Sie möglicherweise eine vorschnelle Entscheidung treffen. Wenn sich nach eingehender Überlegung jedoch herausstellt, daß Ihr Verhältnis endgültig zerrüttet ist, sollten Sie die Konsequenzen ziehen.

Bevor Sie allerdings das Betreuungsverhältnis endgültig abbrechen, sollten Sie nach Alternativen Ausschau gehalten und informelle Kontakte geknüpft haben. Je weiter Sie schon in Ihrem Dissertationsprojekt sind, desto mehr sollten Sie darauf achten, eine neue Betreuungsperson zu finden, die Sie mitsamt Ihrem Thema übernimmt. Vermeiden Sie es, emotional aufgeladen über Ihre erste Betreuungsperson mit der neuen zu sprechen. Stellen Sie Ihre Lage sachlich dar, und werben Sie für sich. Es empfiehlt sich, erst dann den endgültigen Bruch zu vollziehen, wenn Sie das Pro und Contra ausführlich abgewogen und Ihre Chancen an einem anderen Lehrstuhl ausgelotet haben.

Teilen Sie Ihre Entscheidung förmlich korrekt und rechtzeitig Ihrer ersten Betreuungsperson mit, da diese Ihnen eventuell im weiteren Verlauf des Verfahrens noch einen Stein in den Weg legen könnte.

! Bedenken Sie, daß nicht nur Sie, sondern auch Ihr Gegenüber verletzt ist und deshalb empfindlich reagieren könnte.

2.4 Promotionsordnungen

Die Promotionsordnung legt die an der jeweiligen Universität bzw. Fakultät geltenden Rahmenbedingungen für die Promotion fest. Diese können sehr unterschiedlich sein und sollten deshalb so bald wie möglich eingesehen werden. Wenn Sie darüber hinaus Fragen haben, rufen Sie im Zweifelsfall das jeweilige Promotionsamt an. Unterschätzen Sie nicht die Macht der MitarbeiterInnen an den Promotionsämtern. Hüten Sie sich vor Überheblichkeit oder bohrenden Forderungen. In bestimmten Phasen der Promotion können die VerwaltungsmitarbeiterInnen entscheidend sein.

Es gibt fast 1000 verschiedene Promotionsordnungen in der Bundesrepublik, die zum Teil die Promotionsrichtlinien der Universität, zum

Teil aber auch die der einzelnen Fakultäten unterschiedlich regeln. Besorgen Sie sich die jeweils gültige! In der Promotionsordnung wird festgelegt, welchen Doktortitel Sie erwerben können und welche Voraussetzungen Sie mitbringen müssen.

Die Examensnote, die Sie benötigen, um an der jeweiligen Fakultät promovieren zu können, variiert zwischen 2,0 und in Ausnahmefällen bis zu „ausreichend".

In einzelnen Fällen besteht auch für FachhochschulabsolventInnen die Möglichkeit zu promovieren. Kalkulieren Sie in diesem Fall jedoch Schwierigkeiten mit ein. Unter welchen Bedingungen Sie dies tun können, regelt ebenfalls die jeweilige Promotionsordnung. Sie legt auch fest, welche wissenschaftlichen Leistungen Sie nachweisen müssen, um eine Promotion erfolgreich zu beenden. In der Regel ist dies die Erstellung einer beachtenswerten wissenschaftlichen Forschungsarbeit, der Nachweis gründlicher wissenschaftlicher Kenntnisse, die Beherrschung des wissenschaftlichen „Werkzeugs" und die Fähigkeit, eine eigenständige, kritische Leistung zu erbringen.

Die jeweilige Promotionsordnung regelt auch die formalen Kriterien bei der Abgabe der Dissertation. Es ist sehr wichtig, daß Sie sich vorab darüber gesondert und persönlich mit den MitarbeiterInnen des Promotionsamtes unterhalten. Nicht selten scheitert die Abgabe der Dissertation letztlich nur an formalen Kleinigkeiten, wie z. B. dem Deckblatt, welches in einer detailliert festgelegten Form vorliegen muß.

In diesem Zusammenhang soll erneut auf die Wichtigkeit der Umgangsweise mit den jeweiligen MitarbeiterInnen des Prüfungsamtes hingewiesen werden. Zum Zeitpunkt der Abgabe haben diese nämlich mehr Macht als der „liebe Gott" und können Sie mit Formalien bis an den Rand des Wahnsinns treiben.

In der Promotionsordnung wird ebenfalls festgehalten, wie die mündliche Prüfung nach der Abgabe der Dissertation aussehen soll. Hier gibt es im wesentlichen zwei Modelle: Entweder bedeutet das Rigorosum eine Fachprüfung in einem Hauptfach und zwei Nebenfächern, oder es gibt eine Disputation, also die inhaltliche Verteidigung der Dissertation vor der Prüfungskommission.

Es existieren auch Kombinationen zwischen beiden Arten der mündlichen Prüfung oder – vorrangig bei den WirtschaftswissenschaftlerInnen – eine Prüfung in meist vier bereits vorgegebenen Fächern. Die Form der Prüfung und Prüfungszeiten variieren erheblich. Zu gegebener Zeit sollte dies entweder mit der Betreuungsperson abgesprochen und/oder in der Promotionsordnung nachgelesen werden.
Wer im Prüfungsausschuß sitzt, wird in aller Regel nach dem offiziellen Einreichen der Dissertation vom jeweiligen Dekanat festgelegt. Die KandidatInnen haben darauf also keinen Einfluß. In aller Regel besteht der Ausschuß aus drei bis vier Personen: dem Prüfungsvorsitzenden, der nicht Gutachter der Arbeit sein darf, dem Erst- und Zweitgutachter und möglicherweise einer weiteren Hochschulprofessorin/einem weiteren Hochschulprofessor. Letzteres gilt vor allem für die Fälle, in denen das Prädikat „summa cum laude" angestrebt wird.
Nachdem die Prüfung bestanden ist, scheint die Welt in Ordnung zu sein – aber nur für kurze Zeit. Manchmal beinhalten die Gutachten noch einige Veränderungsauflagen für die Dissertation, die es einzuarbeiten gilt. Darüber hinaus besteht die ebenfalls in der Promotionsordnung festgehaltene Auflage, daß jede Dissertation veröffentlicht werden muß. Bevor Sie die Promotionsurkunde erhalten und sich ab diesem Zeitpunkt mit dem Doktortitel schmücken können, muß entweder ein Verlag gefunden werden, der Ihr Buch veröffentlicht, oder aber es müssen ca. 100 Dissertationsexemplare in kopierter und gebundener Form beim Promotionsamt abgegeben werden. (Vom Procedere bei der Verlagssuche wird ausführlich in Kapitel 6.4 die Rede sein.)

2.5 Arbeitsplan

Es kommt viel Arbeit auf Sie zu, wenn Sie erfolgreich promovieren wollen. Deshalb ist es wichtig, daß Sie sich einen Arbeitsplan machen. In aller Regel werden Sie sich nicht ausschließlich auf Ihre Promotion konzentrieren können, sondern gezwungen sein, einer Erwerbstätig-

keit nachzugehen. Sie müssen schließlich nicht nur Ihren Lebensunterhalt sichern, sondern auch an Ihrem weiteren Karriereweg basteln. Die Promotion ist zwar ein Teil Ihrer Karriereentwicklung, aber nicht selten müssen Sie gleichzeitig an verschiedenen Fronten kämpfen, und das will geplant sein.
Wir schlagen folgendes Vorgehen vor:
Nehmen Sie sich einen Zeitplan, der von Montag bis Sonntag geht, und markieren Sie dort die Zeiten, die Sie unbedingt für sich bzw. für den Gelderwerb oder die Karriereverwirklichung brauchen. Die Zeit, die dann übrig bleibt, ist potentielle Promotionszeit!
Beachten Sie: Ihr soziales Umfeld und Ihre Beziehungen werden in dieser Zeit einer schweren Belastungsprobe ausgesetzt werden, da in aller Regel die Wochenenden zu Arbeitszeiten werden. Nicht selten müssen Sie auch einige Abende der Dissertation opfern.
Mindestens zehn Stunden in der Woche müssen Sie einkalkulieren. Ob Sie diese neben einer Halbtagsbeschäftigung oder am Wochenende und abends abarbeiten, müssen Sie selbst entscheiden. Wie Sie bald erkennen werden, kommt zu der wöchentlichen konkreten Arbeitszeit nicht selten die unweigerlich damit verbundene Leidenszeit. Die Zeit nämlich, in der weder produziert wird noch neue Informationen angesammelt werden, sondern in der sich das Wissen innerlich setzen und sozusagen verdaut werden muß. Das heißt, daß die Zeiten, die Sie insgesamt brauchen, sich phasenweise durchaus verdoppeln.
Gehen Sie Ihren Zeitplan nach der ersten Grobfassung erneut durch, und überprüfen Sie ihn auf seine Machbarkeit. Haben Sie sich beispielsweise vorgenommen, sieben Tage die Woche von morgens sechs bis Mitternacht zu arbeiten, können wir Ihnen bereits an dieser Stelle mitteilen, daß Sie ein solches Arbeitspensum nicht lange durchhalten werden. Sie sollten realistische Pläne erstellen!
Gehen Sie jetzt Ihren Arbeitsplan erneut durch, und erstellen Sie einen Tagesplan. Richten Sie Ihre Tagesplanung nach Ihrem persönlichen Biorhythmus aus: Wann arbeiten Sie am effektivsten? Welche Zeiten sollten Sie für welche Arbeiten nutzen? Wenn Sie beispielsweise morgens schwer in die Gänge kommen, aber abends geistig sehr

rege sind, sollten Sie Routineaufgaben in die Morgenstunden legen und sich am Abend mit der Arbeit an Ihrer Dissertation beschäftigen. Bedenken Sie: Wenn Sie gegen Ihre persönliche innere Uhr arbeiten, verschenken Sie viel Zeit!

Es lohnt sich, nach dieser weiteren Überprüfung erneut durch Ihren Zeitplaner zu gehen und nun der Überlegung Ihrer persönlichen Delegationsmöglichkeiten Aufmerksamkeit zu widmen. Hierbei gilt es, Antworten auf folgende Fragen zu finden: Welche Arbeiten können ausschließlich von Ihnen selbst ausgeführt werden? Welche Aufgaben können von anderen Personen gemacht werden? Wen könnten Sie für Erledigung delegierbarer Tätigkeiten ansprechen? Solche Überlegungen sind wichtig, denn Sie können sich auf diese Art und Weise viel Zeit sparen.

Ihr Arbeitsplan kann verschiedene Zeiteinheiten umfassen: den Gesamtzeitraum Ihres Promotionsprojektes genauso wie detaillierte Teilpläne, die in Monate, Wochen oder Tage unterteilt werden können. Achten Sie in jedem Fall auf die Machbarkeit!

! Auch wenn Sie es gewohnt sind, alles selbst zu machen, muß das nicht so bleiben! Sie werden erstaunt sein, wie gut Ihnen die neue Erfahrung tut.

2.5.1 Vor- und Nachteile interner PromovendInnen

1
2
3
Sie sind es gewohnt zu planen und tun es auch, um Ihren zahlreichen Verpflichtungen am Lehrstuhl nachzukommen. Interessanterweise gilt Ihre Planungsgewohnheit für die nicht-verpflichtenden Zeiten eher selten. Im Gegenteil: Sie lassen sich durch Ihre Umgebung häufig von Ihren eigenen Vorhaben abbringen bzw. stören. Das muß nicht so sein! Sie können z. B. die Tür zu Ihrem Büro schließen oder sogar zusperren und deutlich sichtbar Ihre Sprechzeiten anbringen. Mit dieser einfachen Lösung kommen Sie sowohl dem Bedürfnis von Studierenden als auch Ihrem Bedürfnis nach konzentrierter Beschäftigung nach. Überprüfen Sie, ob Sie unter Umständen diese Maßnahme des-

halb nicht ergreifen, weil Sie sich vielleicht sehr gerne ablenken oder stören lassen, damit Sie nicht an Ihrer Dissertation arbeiten müssen. Es ist durchaus bekannt, daß gezielte Arbeitsvermeidungsstrategien im Promotionsprozeß greifen und Sie möglicherweise alles lieber tun als zu promovieren bzw. sich konzentriert an die Produktion von Texten zu setzen.

Dies gilt vor allem für die Gruppe von Promovierenden, die eine volle Stelle am Lehrstuhl haben, im Rahmen derer sie sich weiterqualifizieren sollen.

Die beiden anderen Gruppen kennen diese Schwäche sicherlich auch, sind jedoch wegen der Notwendigkeit, u. U. mehrere Arbeitsplätze ausfüllen zu müssen, tatsächlich terminlich stärker belastet, was nicht selten zur Folge hat, daß Sie selbst den Eindruck haben, nach einem langen Arbeitstag nicht auch noch eine Arbeitsschicht am Abend einlegen zu können.

Der Vorteil eines Planes besteht im Falle der Einhaltung tatsächlich in konkreten Zeitersparnissen. Beachten Sie: Die Zeit, die Sie für das Schreiben Ihrer Dissertation ansetzen, sollte wie die Berufsarbeit verpflichtend eingehalten werden. Wenn Sie zu Hause dazu neigen, doch lieber Dinge des Haushalts zu erledigen oder Computerspiele zu spielen etc. als konzentriert an Ihrer Dissertation zu arbeiten, überlegen Sie sich eine Alternative: Eine nüchterne Büroatmosphäre wirkt sich oftmals positiv auf die Arbeitsmoral aus.

2.5.2 Vor- und Nachteile externer PromovendInnen

ex Die Gefahren, die auf dem Weg zur erfolgreichen Promotion lauern, kennen selbstverständlich auch die externen PromovendInnen. Auch sie wissen um ihre speziellen Neigungen, sich selbst abzulenken bzw. sich ablenken zu lassen, wissen um ihre beliebten Vermeidungsstrategien. Wenn Sie sich angesprochen fühlen, dann brauchen auch Sie dringend einen Arbeitsplan.

[4]
[8] Gerade wenn Sie zu der Gruppe der HochschulabsolventInnen gehören, die beruflich bereits die ersten erfolgreichen Erfahrungen gesammelt haben, werden Sie wissen, daß Sie ohne Planung nicht weit kommen. So werden Sie es lernen müssen, berufliche Expansionswünsche während der Promotionsphase nur begrenzt umsetzen zu können bzw. nach Delegationsmöglichkeiten zu suchen. Überprüfen auch Sie, was wirklich nur von Ihnen selbst erledigt werden kann, und halten Sie sich an diejenigen Zeiten, die Sie für das Schreiben Ihrer Dissertation im Zeitplan festgelegt haben.

Ihr Vorteil besteht im wesentlichen in einer gewachsenen Routine der Planungssicherheit, die Sie nur auf Ihr Promotionsprojekt übertragen müssen. Außerdem verfügen Sie nicht nur über finanzielle Ressourcen, so daß Sie einige Arbeitsaufgaben professionell auslagern können, sondern oftmals auch über ein ausdifferenziertes soziales Netz, welches Sie zur Informationsbeschaffung und Aufgabenentlastung nutzen können. Der Ihnen zur Verfügung stehende Arbeitsplatz garantiert unter Umständen eine ungestörte Arbeitsatmosphäre, die Sie an den Abenden und auch am Wochenende nutzen können. Überprüfen Sie, ob Sie sich im Betrieb zeitweise soweit abgrenzen können, daß Sie Ihren Arbeitsplatz auch zum Schreiben Ihrer Dissertation nutzen können.

[5] Wenn Sie nach der Familienpause eine Promotion anstreben, müssen Sie Ihren Zeitplan mit den anderen Familienmitgliedern absprechen und sich von diesen Unterstützung holen. Auch wenn die Kinder mittlerweile einigermaßen selbständig sind, gibt es dennoch genügend zu tun, und auch diese Zeit kann für Sie als Mutter oder Vater eine Vollzeitbeschäftigung sein. Erstellen Sie einen Familienarbeitsplan, in dem die laufenden Hausarbeiten auf alle Familienmitglieder verteilt werden. Richten Sie Zeiten ein, in denen Sie ungestört sein wollen, und sorgen Sie für die Einhaltung dieser Zeiten. Überlegen gerade Sie, ob es nicht möglich ist, sich einen Arbeitsplatz außerhalb der Wohnung zu suchen, wenn eine konzentrierte Arbeit in der Wohnung nicht oder nur begrenzt möglich ist. Auch wenn Sie feststellen, daß

Einstiegsphase | **43**

Sie sich selbst auf Grund der Nähe zu den Familienaufgaben ablenken lassen, bietet sich eine solche Alternative an.
Ihre Familie ist also nicht nur Hemmschuh, sondern auch Delegationskapital, das Sie nutzen können und sollten. Je nachdem, wie eigenverantwortlich Sie die Mitglieder der Familie erzogen haben, werden Sie mehr oder weniger Schwierigkeiten haben, eine erfolgreiche Aufgabenteilung durchzusetzen. Ermuntern Sie Ehemann (oder Ehefrau) und vor allem Kinder, Sie in Ihrem Promotionsvorhaben anzuspornen, und diskutieren Sie Ihre Überlegungen auch in diesem Kreis. Nutzen Sie die Chance, mit Ihren Kindern zusammen geistig zu arbeiten. Dies kann auch ein Ansporn für Ihre Kinder sein, in der Schule oder im Studium fleißiger zu werden. Sie haben den Vorteil, daß Sie sich gegenseitig motivieren und ein Vorbild sein können.

6 Diesen Delegationsvorteil haben Sie natürlich nicht, wenn die Kinder noch klein und versorgungsbedürftig sind. In Ihrem Fall müssen Sie andere, z. T. professionelle Delegationsmöglichkeiten suchen. Vor allem Ihr Partner/Ihre Partnerin muß Ihr Promotionsprojekt unterstützen und möglicherweise Arbeitszeiten zu Ihrer Entlastung reduzieren. Ein gemeinsamer Arbeitsplan muß erstellt werden. Überlegen Sie, welche Personen aus dem FreundInnen- und Bekanntenkreis oder aus der Herkunftsfamilie Sie zu Ihrer Unterstützung heranziehen könnten. Ihre Frauenbeauftragte hat sicherlich wertvolle Ratschäge für Sie. Wenden Sie sich an sie! Von der Krabbelgruppe, die privat organisiert wird, bis zum Wiedereinstiegsstipendium, das Sie finanziell entlasten könnte, gibt es je nach Universität unterschiedliche Möglichkeiten.

! Wenn es wenige Unterstützungsmaßnahmen gibt, können Sie auch dafür sorgen, daß diese eingerichtet werden, wenn Sie sich mit anderen Menschen in Ihrer Situation vernetzen und solidarisch sind.
Ihr Vorteil liegt in Ihrer Flexibilität, die notwendig ist, um Karriere und Kinder gleichzeitig zu befördern. Schöpfen Sie dieses Kapital aus, und seien Sie erfinderisch. Nutzen oder initiieren Sie Netzwerke!

7 Wenn Sie unterqualifiziert arbeiten und sich mit Hilfe einer Dissertation beruflich verbessern wollen, haben Sie das Problem, daß Sie über

relativ geringe finanzielle Ressourcen verfügen, in der Regel vollzeitbeschäftigt und somit auch Ihre zeitlichen Ressourcen knapp sind. Eine schwierige Aufgabe: Sie müssen sich für die Zeit der Promotion eine größere Arbeitskapazität angewöhnen und also auch Ihr Leben neu organisieren. Wenn Sie z. B. den Freitagnachmittag, den die meisten ArbeitnehmerInnen frei haben, nutzen, einen verlängerten Feierabend dranhängen und einen Wochenendtag für Ihr Dissertationsprojekt einplanen, haben Sie viel Zeit gewonnen. Sie müssen die gewohnten Routinen für diese Zeiten umorganisieren.
Ihr Vorteil besteht in der Tatsache, daß Sie einen Arbeitsplatz haben, den Sie prinzipiell nutzen können: Als Sekretärin dürfen Sie vielleicht für private Zwecke kopieren, als Taxifahrer können Sie Literatur lesen, während Sie warten. Prüfen Sie, ob Sie Ihr soziales Umfeld nicht unterstützen könnte, bzw. versichern Sie sich dessen Solidarität.

8 Wenn Sie angemessen beruflich untergebracht sind, sollten Sie sich überlegen, ob Sie Ihre wöchentliche Arbeitszeit für die Promotionsphase reduzieren können und so die Zeit gewinnen, die Sie für die erfolgreiche Durchführung Ihres Projekts benötigen. In der Folge müssen Sie allerdings Ihr Leben insofern umorganisieren, als Sie ab dann über weniger finanzielle Ressourcen verfügen werden. Wenn eine Reduzierung der wöchentlichen Arbeitszeit für Sie nicht in Frage kommt, empfehlen wir eine ähnliche Vorgehensweise wie bei Ihren KollegInnen, die unterhalb Ihrer Qualifikation arbeiten. Unter diesen Umständen müssen auch Sie Ihren gewohnten Wochenablauf neu organisieren. Sie sollten das Vorhandensein eines Arbeitsplatzes nutzen und Ihr soziales Umfeld einbeziehen.

9 Wenn Sie zu einem fortgeschrittenen Zeitpunkt Ihres Lebens promovieren wollen, um Ihrem Dasein einen neuen Sinn zu geben, dann sind Sie in der erfreulichen Lage, daß Sie hoch motiviert sind, über genügend finanzielle und zeitliche Ressourcen verfügen und es gewohnt sind, Ihre Zeit zu strukturieren. Wenn Sie mit Ihrer Promotion die Sinnfrage verbinden, werden Sie gerne auch private Zeiten für die Anfertigung Ihrer Dissertation opfern, was Sie jedoch nicht von der Ver-

antwortung entbindet, sich mit Ihrem Partner/Ihrer Partnerin, Ihrem sozialen Umfeld und der Familie abzusprechen. Die Voraussetzungen sind jedoch in dieser Beziehung optimal. Ihre Probleme bei der Anfertigung eines Zeitplanes werden vorrangig darin bestehen, daß Sie auf Grund Ihrer langen Abwesenheit von der Universität Schwierigkeiten mit der Strukturierung der wissenschaftlichen Arbeit und der notwendigen Arbeitsschritte haben könnten. Suchen Sie sich professionelle Unterstützung und eine entsprechend engagierte Betreuungsperson.

10 Wenn Sie in eine Promotionsstiftung eingebunden sind, haben Sie die Möglichkeit, die Vernetzung innerhalb der Gruppe der StipendiatInnen zu nutzen. Holen Sie sich bei Ihren KollegInnen Anregungen, wie diese ihre Zeit strukturieren und sich zur regelmäßigen Arbeit systematisch disziplinieren. Nutzen oder schaffen auch Sie sich weitere Austauschmöglichkeiten. Schaffen Sie sich einen Arbeitsplatz, der Ihnen das konzentrierte Arbeiten ermöglicht, oder erwägen Sie eine Arbeitsplatzalternative außer Haus. Gerade Sie werden die Schwierigkeiten kennen, sich kontinuierlich in Arbeitsdisziplin zu üben. Wählen Sie eine Form Ihres Arbeitsplanes, der auf Sie zugeschnitten ist, und lesen Sie in den allgemeinen Hinweisen am Anfang dieses Kapitels nach.
Beachten Sie: Manchmal muß man sich eigene Überlistungsstrategien ausdenken, die den Weg an den Computer erleichtern. Es hilft, wenn Sie z. B. am Vorabend bereits einen guten Anknüpfungspunkt zum Weiterschreiben entwickeln oder sich mit einer E-mail an eine nette Person warm schreiben. Überlegen Sie, welche Strategien bei Ihnen am besten greifen.

11 Auch für die Gruppe der Privatiers gilt, daß sie sich um intensive Betreuung kümmern und bei Bedarf professionelle Unterstützung suchen sollten. Die Stärke des Motivationsgrads kann bei dieser Gruppe jedoch variieren, zumal der Vorteil der freien Zeiteinteilung durchaus zur Krux werden kann. Gerade wenn Sie finanziell und zeitlich unabhängig sind, ist ein Zeitplan zur Disziplinierung wichtig und die Einhaltung des Zeitplans von entscheidender Bedeutung. Nutzen Sie Ihre Freiheitsspielräume, und nehmen Sie professionelle Hilfe in Anspruch.

Wählen auch Sie Ihre Betreuungsperson besonders sorgfältig nach dem Kriterium der zeitlichen Zuwendung aus.

12 Für die Gruppe derjenigen PromovendInnen, die sich noch an der Universität beheimatet fühlen, gilt es, sich zu überlegen, welche Ziele sie mit ihrem Promotionsprojekt verbinden. Drücken Sie sich etwa vor Entscheidungen? Wollen Sie möglicherweise im Stadium des Moratoriums verharren, um die Vorteile des „Nicht-Erwachsen-Werden-Müssens" zu genießen? Nur wenn Sie sich diese Fragen ehrlich beantworten, werden Sie eine Promotion abschließen können. Lesen Sie sich alle Abschnitte zum Thema Arbeitsplan und Selbstdisziplinierung durch, und nehmen Sie sich diese zu Herzen.

2.6 Rahmenbedingungen interner und externer PromovendInnen

Wir haben bereits viel über die „Bedingungen des Gelingens" gesprochen. In diesem Kapitel sollen die Ratschläge erneut systematisch zusammengetragen werden. Es geht also um die Frage: Wer oder was kann Sie in welchen Situationen unterstützen?

2.6.1 Unterstützungspotentiale suchen

Wer kann Sie unterstützen?

Soviel steht fest: Ihr direktes soziales Umfeld muß Sie unterstützen, wenn Sie wollen, daß es über den Promotionszeitraum erhalten bleibt. Wenn Sie z. B. in einer Beziehung leben, muß Ihr/e BeziehungspartnerIn nicht nur Ihre Promotionsbestrebungen unterstützen, sondern hundertprozentig hinter Ihnen stehen. Wenn das nicht der Fall ist, besteht die große Gefahr, daß diese Beziehung die Zeit Ihrer Promotion nicht überlebt. Grundsätzlich verhält es sich so: Wenn sich ein/e BeziehungspartnerIn im Leben weiterbewegt, wird etwas in der

Beziehung passieren. Im Idealfall sollte diese Vorwärtsbewegung von Ihrer/m BeziehungspartnerIn mitgetragen werden. Das heißt z. B., daß es keine schlechte Idee ist, wenn beide promovieren, was allerdings in den meisten Fällen aus finanziellen und zeitlichen Gründen nicht möglich ist. Binden Sie Ihre/n PartnerIn jedoch so eng wie möglich ein, und schaffen Sie eine Basis dafür, Ihr Promotionsprojekt zur gemeinsamen Sache zu machen. Diese spezifische Beziehungsarbeit wird gerne unterschätzt und kann zu zeit- und energieaufwendigen Beziehungskrisen führen.

Unterstützen kann Sie sowohl Ihre Herkunftsfamilie als auch die Verwandtschaft, Bekannte, FreundInnen, KollegInnen, der Chef/die Chefin, die Nachbarschaft genauso wie Kontaktpersonen aus dem Wissenschaftsbereich, Ihr Doktorvater/Ihre Doktormutter.

Darüber hinaus sollten Sie auch abwägen, wie Sie über welche Ressourcen verfügen wollen. Wenn Zeit Ihr kostbarstes Gut ist, könnten Sie daran denken, sich professionelle Unterstützung einzukaufen. Im Bereich der Wissenschaftsberatung gibt es durchaus sehr ernstzunehmende Angebote. Seriöse Unternehmen bieten den Support, den Sie brauchen, um Ihr Dissertationsprojekt möglichst effizient und zeitsparend *selbst* zu realisieren.

Was kann Sie unterstützen?

Ein technisch perfekt ausgestalteter Arbeitsplatz mit Computer, Drucker sowie E-mail und Internet-Zugang und damit die Möglichkeit, via Bildschirm bei der nächsten Universitäts- oder Staatsbibliothek Bestellungen vornehmen zu können. Nutzen Sie die Möglichkeiten, die Ihnen der technologische Fortschritt bietet!

Selbstverständlich sind diese begrenzt. Nichts kann Ihnen den Austausch wissenschaftlicher Fachgremien ersetzen. Nutzen Sie Promotionsgruppen. Wenn sie an Ihrem Institut nicht regelmäßig genug stattfinden bzw. wenn Sie räumlich weit von Ihrer Betreuungsuniversität entfernt leben, initiieren Sie eigene Treffen. Etablieren Sie Kontakte, und sorgen Sie für regelmäßigen Austausch. Besuchen Sie

Fachtagungen, bzw. greifen Sie auf die bereits vorhandene wissenschaftliche Infrastruktur zurück. Es gibt in jedem Bereich bestehende wissenschaftliche Netzwerke, wissenschaftliche Gesellschaften mit deren Fachsektionen. Werden Sie Mitglied, und profitieren Sie von den Fachinformationen und dem organisierten Austausch.

Stellen Sie Ihre Arbeitsergebnisse vor, und nutzen Sie die Chance, daß andere Menschen sich mit Ihrem Thema auseinandersetzen und Ihnen Anregungen mit auf den Weg geben können. Versuchen Sie, systematisch alle Aufgaben, die von anderen Menschen erledigt werden können, aus Ihrem Arbeitsalltag auszulagern. Lernen Sie delegieren!

2.6.2 Finanzierung sichern

Fest steht: Die Arbeit an Ihrer Dissertation wird Sie Zeit kosten, Zeit, in der Sie ansonsten Geld verdienen würden. Das heißt, die Arbeit an Ihrer Promotion kostet nicht nur Zeit, sondern auch Geld. Gerade wenn sie zudem noch professionelle Hilfe in Anspruch nehmen, wird dies zu einem nicht zu unterschätzenden Problem. Prüfen Sie Ihre Möglichkeiten, eine finanzielle Unterstützung für den Zeitraum Ihrer Promotion zu erhalten. Vielleicht ist jemand aus der Verwandtschaft bereit und in der Lage, Sie in dieser Phase finanziell zu unterstützen.
Im Falle der bereits erfolgreichen Plazierung auf dem Arbeitsmarkt haben Sie selten ein Finanzierungsproblem. Sie haben vorrangig ein Zeitproblem, welches Sie aber mit Hilfe von Delegation und Nutzung professioneller Hilfestellungen in den Griff bekommen können.

Wenn Sie zu der Gruppe derjenigen WiedereinsteigerInnen gehören, die nach oder während der Familienphase promovieren wollen, empfiehlt sich – auch für einen Mann – als erstes der Gang zur Frauenbeauftragten Ihres Fachbereiches, Ihrer Fakultät bzw. Ihrer Universität. Dort erhalten Sie Informationen über die spezifischen Fördermaßnahmen, die Promovierende mit Familie erhalten können. Auch andere Geldquellen können Sie erschließen. Schlagen Sie auch in Kapitel

3.6.1 nach, in dem wir verschiedene renommierte Stiftungen vorstellen. Bedenken Sie: Die Zusammenstellung und Entwicklung der für die Beantragung eines Stipendiums nötigen Unterlagen ist ein langwieriges Unterfangen. Sie sollten ca. ein Jahr bis zum Erfolg einplanen. Stellen Sie aus diesem Grund vorsichtshalber bei verschiedenen Stiftungen, die für Sie in Frage kommen, einen Stipendienantrag, um Ihre Erfolgsquote zu maximieren.

10 Wenn Sie zu den Personengruppen gehören, die über eine Anbindung an die Universität verfügen, dann suchen Sie sich Unterstützung am Lehrstuhl oder an der Fakultät, um ein universitätseigenes Stipendium zu erhalten. Nutzen Sie Ihre informellen Kontakte. Bedenken Sie: Das Stipendium wird höchstens über einen Zeitraum von drei Jahren bewilligt und übersteigt in der Regel die Höhe von 1 400 DM monatlich nicht. Nachdem Sie formal bei verschiedenen Geldgebern keine weiteren Einkünfte haben dürfen, eignet sich diese Form der Rekrutierung finanzieller Mittel nur für einen Teil der Promovierenden.

Bedenken Sie weiterhin: Wenn Sie ein Stipendium erhalten, sollten Sie in kürzester Zeit mit Ihrer Promotion fertig sein, denn es zählt nicht nur die Promotion, sondern auch Ihre Berufserfahrung. Und die erwerben Sie während eines geförderten Promotionsstipendiums nicht.

Die Entscheidung pro oder contra Stipendium ist entsprechend heikel. Sie sollten zwar durchaus ein professionelles Exposé erstellen und ein Stipendium beantragen, aber Sie sollten die Regelzeit von zwei Jahren für die Fertigstellung in diesem Fall nicht überschreiten. Nutzen Sie die Zeit zum Knüpfen von Kontakten und zum Veröffentlichen.

3 | Konkretisierungsphase

Um überhaupt eine Idee für ein Thema zu entwickeln, müssen Sie sich zuerst weitläufig informieren. Während Sie sich in einen oder mehrere Themenbereich/e einlesen, werden Sie auf viele interessante Fragestellungen stoßen, die Sie gerne bearbeiten würden. Ihre Möglichkeiten sind aber begrenzt. So macht es keinen Sinn, sich als Medizinerin mit der Frage „Was ist der Mensch?" auseinanderzusetzen oder sich als Ökonom mit der Zukunft der globalen Wirtschaft zu beschäftigen. Es gilt vielmehr, das Themengebiet auf solche Dimensionen zu reduzieren, daß es in einem überschaubaren Zeitrahmen bearbeitet werden kann. Sie können die Dauer und Intensität, ja das Gelingen Ihres Dissertationsprojektes dadurch entscheidend beeinflussen, daß Sie Ihr Thema präzise formulieren und es bereits frühzeitig klar strukturieren. So erklären sich auch die sehr spezifischen, für Außenstehende oft kaum verständlichen Titel solcher Arbeiten.

Sind die Vorarbeiten abgeschlossen, müssen Sie Ihr Themengebiet und Erkenntnisziel eingrenzen. Es fällt Ihnen vielleicht schwer, Ihr Thema noch weiter zu konkretisieren, aber bedenken Sie: Erst die Beschränkung auf einen überschaubaren Themenkomplex ermöglicht es Ihnen, effizient zu arbeiten und die Textfülle sinnvoll einzugrenzen. Je präziser Sie Ihr Thema einkreisen, um so kürzer wird die Bearbeitungszeit!

Wenn Ihnen die Wahl des Themas freigestellt ist, sollten Sie es auf die Aspekte reduzieren, die Sie interessieren und die Sie im Rahmen der Zeitvorgabe bewältigen können. Die Fragestellung muß Sie während der verschiedenen Abschnitte des Forschens und Schreibens bei Laune halten. Außerdem muß das Thema auf die Erfordernisse des Fachgebietes abgestimmt werden. Doch auch wenn Ihnen ein Thema gestellt wurde, müssen Sie sich mit der Fragestellung vertraut machen und sogar anfreunden, sie für sich zusammenhängend präzisieren und sich aneignen. Nur so bekommen Sie ein Thema überhaupt in den Griff.

Sie sollten parallel durchaus weiter Ihren Blick schweifen lassen, weiter lesen und Informationen sammeln. Das Erstellen einer Stoffsammlung wird in Zukunft von zwei Bewegungen getragen sein: zum einen von der Ausweitung Ihrer Suche auf immer spezifischere Einzelthemen, zu denen Sie sich einen Überblick verschaffen müssen, zum anderen vom ständigen Bemühen um Eingrenzung und Beschränkung auf das Wesentliche.

Sie sollten Gelesenes nach Wichtigkeit ordnen.

- Um festzustellen, ob ein Text für Sie wichtig ist, sollten Sie ihn auf einige Punkte hin überprüfen. Grundlagentexte werden oft zitiert, ihre AutorInnen sind bekannt, sie finden sich in Bibliographien und Einleitungen zu anderen Texten, sind meist bei wichtigen Fachverlagen erschienen und haben im Lauf der Zeit verschiedene Auflagen erlebt.

- Um festzustellen, ob ein Ansatz sich mit Ihrem deckt, sollten Sie Vorwort und Bibliographie überprüfen.

- Natürlich hat auch eine Kapazität auf einem Fachgebiet nicht immer recht – überprüfen Sie deshalb für Sie wichtige Aussagen sicherheitshalber.

3.1 Themengebiet eingrenzen

Bei der Eingrenzung Ihres Themas sollten Sie zuerst Ihre Erfahrung und Ihr Wissen einsetzen und sich an Ihrer eigenen Situation orientieren. Überlegen Sie, wo Ihre Stärken liegen, auf welchen Gebieten Sie bereits geforscht oder eine Abschlußarbeit geschrieben haben, und stellen Sie Ihren wissenschaftlichen und beruflichen Werdegang sowie Ihre Interessengebiete zusammen. Ihren eigenen Wissensstand sollten Sie dabei ständig an dem anderer messen und sich fragen, zu welchen Fakten (in Bibliotheken, im Internet, bei Forschungszentren)

Sie Zugang haben und wer Sie bei Ihrem Projekt fachlich unterstützen kann. Wenn Sie im Rahmen eines wissenschaftlichen Großprojektes eine Dissertation schreiben, sollten Sie sich einerseits mit allen Beteiligten abstimmen, aber andererseits immer darauf achten, die eigenen Interessen und Fragestellungen nicht aus den Augen zu verlieren.
Nur wenn Sie selbst wissen, wo Ihre Stärken liegen und was Sie wollen, können Sie erwarten, daß die Betreuungsperson Sie und Ihr Thema ernst nimmt. Umgekehrt sollten Sie die Fachkompetenz Ihres Gegenübers einschätzen können und sich anhand der Veröffentlichungen und Lehrveranstaltungstitel über seine Spezialgebiete informieren. Bedenken Sie: Grundlage Ihrer Zusammenarbeit sollte die gegenseitige Anerkennung sein. Gerade wenn Sie nach längerer Zeit an die Universität zurückkehren, gilt es, sich die eigenen Leistungen ins Gedächtnis zu rufen und sie präzise darzustellen.

- Bemühen Sie sich dabei um eine positive Ausdrucksweise. Es interessiert, was Sie geleistet haben und was Sie können. Überlegen Sie, wie Sie auch Ihren Schwächen noch eine gute Seite abgewinnen können.
- Legen Sie Selbstbewußtsein an den Tag, aber seien Sie nicht überheblich.
- Überlegen Sie, welche Aspekte Ihres bisherigen Studien- und Berufslebens für die Betreuungsperson von Nutzen sein könnten.
- Werden Sie sich auch klar darüber, welche Unterstützung Sie von der Betreuungsperson erwarten, und überprüfen Sie immer wieder, ob diese Erwartungen realistisch sind. Wenn ja, fordern Sie sie bei Bedarf ein. Denn je besser die Betreuung, desto effektiver das Arbeiten an einer Dissertation!
- Holen Sie sich bei Bedarf professionelle oder freundschaftliche Hilfe.
- Formulieren Sie mit aller Ihnen zur Verfügung stehenden Unterstützung eine konkrete wissenschaftliche Fragestellung aus und entwickeln Sie einen vorläufigen Arbeitstitel.

Orientieren Sie sich an grundsätzlichen Fragen:
- Was ist Ihr Problem?
- Wie wollen Sie es lösen?
- Auf welche Lösungsansätze können Sie sich stützen?
- Was haben Sie Neues beizutragen?

3.1.1 Vor- und Nachteile interner PromovendInnen

Universitätsinterne und -nahe Promovierende sind in den Lehrbetrieb eingebunden, kennen die Spielregeln und die in Frage kommenden Betreuungspersonen oft aus dem hinter ihnen liegenden Studium. Vielleicht sind Sie sogar durch eine konkrete Anregung einer Lehrperson auf ein Thema aufmerksam geworden? Dann sollten Sie an dieser Stelle nachhaken und sich der Unterstützung seitens der Universität versichern. Vielleicht ist ein Aspekt Ihres Themas von Interesse für einen Spezialisten/eine Spezialistin auf diesem Gebiet, dem/der Sie zuarbeiten können, oder Sie können im Rahmen eines Forschungsprojektes promovieren? Machen Sie sich kundig. Scheuen Sie sich nicht, Informationen einzuholen. ProfessorInnen wissen interessierte Fragen zu schätzen und können Sie im Notfall an eine andere Betreuungsperson weitervermitteln, die etwas von dem Thema versteht, das Sie ins Auge gefaßt haben. Erkundigen Sie sich aber eingehend über die Arbeitsgebiete Ihres Gegenübers, bevor Sie ihm begegnen. Bereiten Sie sich auf jedes Gespräch vor. Machen Sie sich Notizen während der Unterhaltung, und fertigen Sie anschließend ein Protokoll an.

An der Universität werden Sie zweifellos Gleichgesinnte kennen oder finden, mit denen Sie über Ihre Pläne sprechen können. Lassen Sie möglichst viele Menschen wissen, daß Sie promovieren und woran Sie arbeiten wollen. Lassen Sie sich anregen! Hier können auch die Nebenfächer oder benachbarte Fachgebiete hilfreich sein. Ein Blick ins Vorlesungsverzeichnis lohnt sich. Machen Sie von Ihren Verbindungen Gebrauch, knüpfen Sie ein soziales Netzwerk von Beziehungen.

Wenn Sie noch an der Universität sind, sind Sie wahrscheinlich mit den aktuellen Theorieentwicklungen vertraut, doch auch für Sie kann jede Praxiserfahrung wichtig sein. Überlegen Sie: Welche Berufs- oder Praktikumserfahrung haben Sie? Zu welchen Firmen oder Organisationen haben Sie Verbindungen? Sprechen Sie Fremdsprachen, haben Sie Beziehungen ins Ausland – können Sie vielleicht dort forschen? Als kontinuierlich Studierende/r haben Sie eventuell die Möglichkeit, über die Universität ein Stipendium oder einen Praktikumsplatz im In- oder Ausland zu beantragen (siehe auch Kap. 3.6).

all Wichtig ist auch der Blick nach vorn. Welches Spezialwissen verspricht am ehesten Vorteile auf dem Arbeitsmarkt? Welchen Beruf wollen Sie ergreifen? Welches Berufsfeld reizt Sie? Welche neue Position streben Sie an? Welches Lebensziel verfolgen Sie? Erkundigen Sie sich, welche Voraussetzungen Sie mitbringen müssen, um Ihre Ziele zu erreichen. Manche firmeninternen Forschungsvorhaben sind mit der Aussicht auf einen Arbeitsplatz verbunden.

1
2
3

Arbeiten Sie an der Universität? Wissenschaftliche-Hilfskraft-Stellen oder Promotionsstellen, die halbiert sind, verlangen oft einen enormen Arbeitsaufwand, der in keinem Verhältnis zum Verdienst steht. Ständige Abrufbarkeit und Präsenz werden Ihnen eventuell gar nicht positiv angerechnet, und niemand dankt es Ihnen, wenn Sie sich bei der Arbeit am und außerhalb vom Lehrstuhl verzetteln. Gerade Frauen nehmen ihre Betreuungspflicht gegenüber den Studierenden oft zu ernst, bringen zu viel Einsatz und behindern so sich selbst im Fortkommen. Damit ist niemandem gedient – auf Dauer können Sie nur Einfluß nehmen, wenn Sie vorwärtskommen. Denken Sie deshalb auch an sich, und ziehen Sie klare Grenzen zwischen Gelderwerb und der Arbeit an Ihrem eigenen Projekt.

Wenn Sie auf einer Mittelbaustelle oder als Wissenschaftliche Hilfskraft arbeiten, nutzen Sie das Netzwerk, das Sie sich aufgebaut haben, nicht nur für persönliche Beziehungen, sondern auch fachlich. Thematisieren Sie in Gesprächen mit KollegInnen auch Ihr eigenes Projekt. Kommen Sie weg vom Image der abhängigen Person, das Sie vielleicht jahrelang gepflegt und an das sich alle Beteiligten gewöhnt haben. Entwickeln Sie Ihren Vorgesetzten und Betreuungspersonen gegenüber ein eindeutiges, selbständiges wissenschaftliches Profil, und scheuen Sie nicht davor zurück, sich als kompetent zu präsentieren. Analysieren Sie die Kommunikations- und Machtstrukturen, die Sie umgeben, und machen Sie sich Ihr Wissen zunutze. Eine Stelle an einem Institut bedeutet oft auch eingefahrene Beziehungen: Machen Sie sich Gedanken über Ihre Position, verbessern Sie sie nach Kräften, und unterschätzen Sie Ihre Abhängigkeiten nicht.

Sollten Sie daran denken, etwa im Rahmen eines wissenschaftlichen Forschungsprojektes, mit anderen ein ergänzendes oder eng zusammenhängendes Thema zu bearbeiten, müssen Sie die Aufgabenstellungen vergleichen und aufeinander abstimmen. Einige Arbeitsschritte lassen sich unter den Beteiligten aufteilen: Literaturrecherchen, die Darstellung des Forschungsstandes oder die Auswertung von Untersuchungsergebnissen können unter Verwendung einer gemeinsam erarbeiteten Methodik und ähnlicher Theorievoraussetzungen für die einzelnen ProjektteilnehmerInnen vereinfacht werden. Achten Sie darauf, sich mit Ihrem Vorhaben weder zu isolieren noch den Abstand zu den anderen Beteiligten zu verlieren.

[3] [12] Auch wenn Sie weniger eng mit dem Institut verbunden sind, an dem Sie promovieren, sollten Sie genau abwägen, was Ihre Position ist und wie Sie sie verbessern können. Aktivieren Sie bestehende Beziehungen, etablieren Sie neue, sowohl mit den Lehrpersonen als auch mit anderen Studierenden in ähnlicher Situation. Besuchen Sie Oberseminare und Kolloquien für ExamenskandidatInnen sowie Tagungen und Vorträge zu Ihrem Thema. Informieren Sie die anderen über Ihr Spezialgebiet, erwerben Sie sich auf diesem Gebiet einen guten Ruf.

3.1.2 Vor- und Nachteile externer PromovendInnen

Externe PromovendInnen haben den Vorteil, daß kein finanzielles Abhängigkeitsverhältnis mit der Betreuungsperson besteht. Sie können selbständig agieren und verlangen nicht mehr als eine inhaltliche und konzeptionelle Betreuung. Diese Tatsache kann allerdings bei Betreuungspersonen auch auf Befremden stoßen, da sie nämlich oft nicht daran gewöhnt sind, unabhängigen PromovendInnen gegenüberzustehen. Achten Sie deshalb immer darauf, wie sich das Verhältnis zur Betreuungsperson entwickelt, und analysieren Sie die Kommunikationssituation entsprechend.

Promovierende, die bereits einen festen Platz im Leben eingenommen haben, haben oft ein Theoriedefizit – aber sie besitzen einen nicht zu unterschätzenden Praxisvorteil, den sie in jedem Fall nutzen sollten. Sie sind selbständig und unabhängig und haben meist eine genauere Vorstellung davon, wo sie im Leben stehen und wohin sie wollen. Erfahrungen auf dem Gebiet der Gesprächsführung, im Umgang mit KundInnen, aber auch mit KollegInnen oder Angestellten können sich auszahlen. Sie verlieren sich nicht in einem Thema, sind seit langem gezwungen, effizient und zielgerichtet zu arbeiten. Sie sind es vielleicht auch gewohnt, jede auftretende Pause und Auszeit für kleinere Arbeiten zu nutzen, was Ihnen etwa beim Sichten von Texten, beim Bibliographieren oder beim Berechnen sowie dem Zusammenstellen von Daten und Tabellen zugute kommen kann.

Überlegen Sie also, wo Ihre Stärken liegen.
- Welche Praxiserfahrung haben Sie?
- Haben Sie vielleicht Zugang zu praxisnahen Daten?
- Arbeiten Sie auf einem innovativen Sektor, etwa mit neuen Technologien?
- Können Sie vielleicht im eigenen Betrieb Praktikumsplätze zur Verfügung stellen und so Ihrerseits den Lehrbetrieb unterstützen?

Betreuungspersonen sind heutzutage chronisch überfordert. Deshalb überlegen sie ganz genau, welche PromovendInnen sie annehmen. Vielleicht haben Sie aufgrund Ihrer spezifischen Situation Zugang zu Informationen, Arbeitsbereichen und Erfahrungen, die im akademischen Bereich gefragt sind. Sie können vielleicht auch auf Grund Ihrer momentanen oder zukünftigen Stellung die Zusammenarbeit zwischen Wirtschaftsunternehmen und Forschungs- und Lehranstalt vorantreiben. Unter diesen Umständen steigen Ihre Chancen, angenommen zu werden.

F Sind Sie eine der vielen Frauen, die die Universität nach dem ersten berufsqualifizierenden Abschluß verlassen haben, um eine Familie zu gründen oder zu versorgen, sich aber nach der Kinderbetreuungsphase weitere Qualifikationen aneignen und jetzt an die Hochschule zurückkehren wollen? Promovieren Sie neben einer Berufstätigkeit als Hausfrau und Mutter? Oder haben Sie wie andere Frauen keinen Arbeitsplatz gefunden, der Ihren Qualifikationen angemessen wäre, und versprechen sich von einem weiterführenden Abschluß bessere Chancen auf dem Arbeitsmarkt? Oder wollen Sie durch die Promotion Ihre Karriere weiter vorantreiben? Als künftige Wissenschafts-Wiedereinsteigerin müssen Sie als Frau es sich leider immer noch besonders gründlich überlegen, wie Sie Ihre Zukunft gestalten wollen.
Sie sollten sich folgende Fragen stellen:
- Was wollen Sie durch die Dissertation erreichen?
- Sind diese Ziele mit Ihrer Familiensituation kompatibel?
- Was sind Ihre Vor- und Nachteile?
- Welche Lösungen stehen Ihnen zur Verfügung, um Privat- und Arbeitsleben mit dem Dissertationsprojekt zu vereinbaren?

Ihr Abstand zum Lehrbetrieb kann sich als durchaus positiv erweisen: Sie messen vielleicht wissenschaftlichen Belangen nicht unangemessen viel Bedeutung bei, haben eventuell Sinn fürs Praktische oder beherrschen die Kunst, Ihre Zeit optimal einzuteilen. Dann haben Sie vielen Ihrer KommilitonInnen gegenüber bereits unschätzbare Vorteile. Nutzen Sie sie! Andererseits geraten Sie durch Ihre spezielle Gebundenheit an Ihren persönlichen Lebensbereich leicht ins Abseits. Beugen Sie einer Isolation vor! Nehmen Sie auch Kontakt zu Frauen und Männern auf, die keine Familie versorgen müssen. Lernen Sie von den Angehörigen anderer Gruppen! Versuchen Sie, so oft wie möglich an studentischen Treffen, Festen und Lerngruppen teilzunehmen und die Vorteile des Unilebens zu genießen.

Vielen Frauen fällt es schwer, ihre Interessen durchzusetzen und sich zu behaupten. Sie haben oft wenig Selbstbewußtsein, was die eigenen Fähigkeiten und Leistungen betrifft. Sie sollten sich deshalb ganz systematisch der Unterstützung Ihres sozialen Umfeldes versichern, denn auf die Hilfe Ihrer Familie und Ihrer FreundInnen müssen sie sich verlassen können. Sprechen Sie mit Ihrem Partner/Ihrer Partnerin, Ihrer Familie. Machen Sie sich gemeinsam Gedanken zur Finanzierung und praktischen Durchführung Ihres Vorhabens. Machen Sie aber auch andere KommilitonInnen und Lehrpersonen mit Ihrer Lage und Ihren speziellen Bedürfnissen vertraut, und bitten Sie in einer Notlage auch mal um Hilfe; sicher ist jemand bereit, in einer Lehrveranstaltung für ExamenskandidatInnen für Sie mitzuschreiben oder Ihnen den für die nächste Stunde vorzubereitenden Stoff mitzuteilen. Mit Lehrpersonen können Sie einige Punkte telefonisch klären. Sie sollten sich in jedem Fall immer entschuldigen, wenn Sie an einer Pflichtveranstaltung nicht teilnehmen können. Sprechen Sie auf jeden Fall mit Ihrer Betreuungsperson und anderen Lehrenden offen über Ihre Probleme und Lösungsmöglichkeiten.

5 Finden Sie eine Lösung für die Kinderbetreuung, mit der Sie zufrieden sind. Oft ist es hilfreich, familiäre Verpflichtungen und wissenschaftliche Arbeit örtlich zu trennen. Suchen Sie sich einen eigenen Arbeitsplatz, an dem Sie im Notfall erreichbar sind, aber sich ungestört dem Schreiben widmen können. Zu diesem Zweck kann Ihr Schreibtisch in der eigenen Wohnung stehen, aber auch bei Freunden oder Verwandten.

6 Richten Sie Ihr Leben so ein, daß Sie regelmäßige Arbeitszeiten einhalten können. Probieren Sie aus, wieviel Zeit Sie der Dissertation widmen können, ohne sich übermäßig zu belasten. Es ist normal, daß Sie dem Partner und/oder den Kindern, aber auch Ihren Freundinnen und Freunden gegenüber ein schlechtes Gewissen entwickeln. Lassen Sie sich davon nicht beherrschen, sondern bauen Sie es ab.

Fragen Sie sich:
- Was sind Ihre Rechte und Pflichten?

- Haben Sie die nötigen finanziellen und personellen Mittel, um die Kinderbetreuung zu organisieren?
- Haben Sie alle Unterstützungsmöglichkeiten in Betracht gezogen?
- Sind Sie bereit, Ihre Dissertation auch dann zu Ende zu bringen, wenn lebensverändernde Maßnahmen ergriffen werden müssen?

Tauschen Sie sich mit anderen Frauen und Müttern aus, suchen Sie im lokalen Wochenblatt oder im Internet nach Hilfe und Unterstützung. Wenden Sie sich an die Frauenbeauftragte Ihrer Universität oder Ihres Fachgebietes. Sie sind nicht allein – vielleicht finden Sie eine Interessengruppe von Frauen, die in derselben Situation sind wie Sie. Und vor allem: Geben Sie nicht auf!

9 Auch Menschen, die sich in ihrem Beruf bereits über viele Jahre etabliert haben, kehren immer häufiger als Promovierende an die Hochschulen zurück. Sie sollten sich jedoch genau überlegen, ob Sie die Strapazen eines weiteren Studienabschlusses an der Seite sehr viel jüngerer KommilitonInnen auf sich nehmen wollen.

Stellen Sie sich also folgende Fragen:
- Sind Sie bereit, sich auf neue Wissenschaftsentwicklungen und Fragestellungen einzulassen?
- Sind Sie willens, sich auf eine Betreuungsperson und evtl. auf Ihre KommilitonInnen einzustellen?

Hochschulen geben Auskunft zum sogenannten Seniorenstudium; bemühen Sie sich auch, Gleichgesinnte kennenzulernen.

10
11 Als StipendiatIn und unabhängig studierende Person sind Sie zwar besonders autonom, aber zugleich immer in Gefahr, sich zu isolieren. Deshalb sollten Sie alle Möglichkeiten wahrnehmen, mit anderen in derselben Situation in Kontakt zu treten und den persönlichen und wissenschaftlichen Austausch zu pflegen. Sie sollten die Verbindung zum Institut und zu Ihrer Betreuungsperson ganz besonders gründlich planen und sich ihrer Unterstützung immer wieder versichern.

Beantworten Sie folgende Checkliste:
- Sind Ihr Zeit- und Arbeitsplan straff organisiert?
- Sind Sie bereit, sich dieser Zeitvorgabe zu unterwerfen?

- Haben Sie den jeweils nächsten Arbeitsschritt mit Ihrer Betreuungsperson abgesprochen?

12 Sie müssen sich vor allem bemühen, Ihr Ziel konsequent zu verfolgen und dürfen sich nicht ablenken lassen.
Halten Sie sich an folgende Punkte:
- Machen Sie sich eine Liste mit Ihren beruflichen und privaten Zielen. Was wollen Sie durch die Promotion erreichen? Wer werden Sie sein? Nehmen Sie diese Ziele ernst, und hängen Sie sie gut sichtbar bei Ihrem Arbeitsplatz auf.
- Tun Sie sich mit Gleichgesinnten zusammen, arbeiten Sie gemeinsam Zeit- und Arbeitspläne aus, und kontrollieren Sie sich gegenseitig.
- Brechen Sie mit alten Gewohnheiten, richten Sie Ihren Tag konsequent um Ihre neue Aufgabe herum ein, und etablieren Sie eine Arbeitsroutine.

3.2 Forschungsüberblick verschaffen

Es wird zunehmend schwieriger, sich auch nur annähernd einen adäquaten Überblick über ein wissenschaftliches Gebiet zu verschaffen. Die Informationsfülle nimmt nicht zuletzt auf Grund neuer Veröffentlichungsmöglichkeiten und Speichermedien zu. Was tun angesichts der immer offensichtlicheren Unzulänglichkeit menschlicher Leistungsfähigkeit? Vor allem gilt es, die eigene Arbeitskraft so effektiv wie möglich einzusetzen. Es bedarf also einer rigorosen Überprüfung dessen, was Sie in Ihre Materialsammlung aufnehmen. Da die Darstellung des Forschungsstandes zu jeder wissenschaftlichen Arbeit gehört, sollten Sie die Fachliteratur immer auch auf die schematische Beschreibung der Forschungsentwicklung hin untersuchen. Zur Literatursichtung werden kommerzielle Hilfsdienste angeboten: Sie können bibliotheksintern oder über einen Anbieter auf dem freien Markt Datenbankrecherchen anfordern. Diese Delegationsmöglichkeit entbindet Sie allerdings nicht völlig von eigenen Nachforschungen im Vorfeld (z. B. durch Einengen des Themengebietes auf Suchbegriffe) und setzt voraus, daß Sie die erhaltenen Daten selbst auswerten.

3.2.1 Datenbanken, zusätzlicher technischer Support

Haben Sie Zugang zu Fach- oder Staatsbibliotheken, Stadtbüchereien, universitären Institutsbibliotheken? Denken Sie auch an kleinere, vielleicht fachlich benachbarte oder allgemeine Buchsammlungen, vor allem aber an Präsenzbibliotheken – oft bieten sie die angenehmste Umgebung und ausreichende Buchbestände für die alltägliche Arbeit. Nutzen Sie diesen Standortvorteil, und suchen Sie verschiedene Bibliotheken auf, vergleichen Sie das Angebot und die Arbeitsbedingungen.
In Bibliotheken finden Sie für den Einstieg Überblicksbibliographien zu einem gesamten Fach, denen Sie die Forschungsentwicklung der vergangenen Jahre entnehmen können. Hier können Sie auch feststellen, welche Aspekte bereits ausreichend erforscht wurden bzw. welches die aktuellen Fragestellungen sind. Sachgebietsspezifische Bibliographien verschaffen Ihnen einen Eindruck davon, welche Fragestellungen in jüngerer Zeit bereits behandelt wurden und wo noch Klärungsbedarf besteht, wo Sie also anknüpfen können. Gehen Sie bei Ihrer Recherche auch von Bibliographien einschlägiger Bücher und Zeitschriftenartikel aus.
Recherchieren Sie auch in Bibliotheken benachbarter Fächer zu ähnlichen Fragen. Viele Bildungsinstitutionen bieten ihren Studierenden inzwischen auch die Möglichkeit an, mit Hilfe digitaler Speichermedien, etwa über CD-ROM, ganz aktuell zu einem Thema zu forschen. Um in Bibliothekskatalogen oder Datenbanken überhaupt Texte zu finden, müssen Sie sinnvolle Suchbegriffe zusammenstellen. Nehmen Sie hierfür allgemeine und fachspezifische Wörterbücher oder Enzyklopädien zu Hilfe. Informieren Sie sich über aktuelle Erscheinungen auch im Buchhandel, und machen Sie während Ihrer Promotion immer wieder die Runde durch die einschlägigen Buchhandlungen.

Bewahren Sie die Ausleihzettel von bestellten, aber nicht vorhandenen Büchern in jedem Fall auf – oft sind sie die Voraussetzung für die Fernleihe! Je ausgefallener der Buchwunsch ist, desto problematischer ist die Fernleihe. Nur bei wirklich wichtigen Texten lohnt sich der Aufwand, ihn zum Beispiel aus einer Spezialsammlung im Ausland zu bestellen – wobei Ihre Chancen um so besser sind, je genauere Angaben Sie zu dem gesuchten Text machen können.

Sie können noch keinen Computer bedienen? Sie haben noch keinen Computer? Sie haben noch keinen Zugang zum Netz? Dann sollten Sie sich schleunigst überlegen, wie Sie diese Grundvoraussetzungen erfüllen können. Steht bei Ihnen zu Hause bereits ein Computer, kümmern Sie sich um einen Internet-Anschluß. Als eingeschriebene/r Studierende/r können Sie vielleicht über die Universität einen kostenlosen Zugang zum Internet beantragen. Vergleichen Sie anderenfalls die Angebote kommerzieller Anbieter, aber erkundigen Sie sich auch bei Ihrer Gemeinde oder Stadt – vielleicht können Sie auch über ein Bürgernetz preisgünstig Zugang zum Internet erhalten.

Über einen solchen Zugang können Sie sich auch direkt bei der Universitäts- oder Staatsbibliothek „einloggen", d. h., Sie können vom Computer aus den Buchbestand abrufen und sogar Bücher bestellen. Sie haben aber auch Zugang zu Bibliotheken anderer Länder. Der Computer ermöglicht es außerdem, im Netz internationale Bücher zu kaufen. Wenn Sie regelmäßig, lang und konzentriert im Netz arbeiten wollen, sollten Sie sich einen eigenen Zugang verschaffen und nicht auf einen öffentlichen Anschluß (Universitäts- oder Institutsanschluß, Internet-Café) oder auf Freunde vertrauen.

Die Neuen Medien bieten Ihnen die Gelegenheit, sich zu einem Thema im Netz schlau zu machen, ohne jemals das Haus zu verlassen. Zeitungen und Zeitschriften bieten oft die Möglichkeit an, in ihren Online-Archiven per Volltextrecherche zu stöbern und Artikel zu kopieren. Spezielle fachbezogene Datenbanken können bei der Recherche helfen. Auch der Buchhandel ist im World Wide Web vertreten. Die deutschen Bibliotheken bieten unter der Adresse *http://www.subito-doc.de* einen Lieferdienst für Dokumente an.

! Das World Wide Web ist heute unentbehrlich für den weltweiten Wissenserwerb und -austausch. Doch Vorsicht! Schrauben Sie Ihre Erwartungen in bezug auf seine Leistungsfähigkeit nicht zu hoch. Es handelt sich beim WWW um einen unermeßlich großen Datenspeicher, der seine Gestalt ständig verändert. Schließlich nehmen unzählige *users* (BenutzerInnen) am Netz teil, schreiben andauernd neue Texte, verfassen Anfragen und Antworten, mischen sich in bestehende Diskussionen ein, verändern Datenbestände, lassen andere verkümmern und erneuern sie nicht. So besteht oft keinerlei Gewähr für die Richtigkeit oder Aktualität von Angaben, und nicht selten übersteigt die reine Fülle von Informationen zu einem Thema die persönlichen Auffassungs- und Auswahlmöglichkeiten.

Die Neuen Medien lassen sich nur dann sinnvoll einsetzen, wenn Sie mit ihnen umgehen lernen. So kann Sie die Informationssuche in den Hypermedien unnötig viel Zeit kosten, wenn Sie sich mit der Auswahl und Bedienung von Suchmaschinen nicht auskennen. ExpertInnen zeichnen sich vor allem dadurch aus, daß sie ihre Suchbegriffe im Vorfeld gezielt auswählen und syntaktisch komplex miteinander verbinden. Das verlangt einige Übung. Machen Sie sich also so früh wie möglich kundig; vielleicht bietet auch Ihre Fakultät eine fachbezogene Einführung an. Wenn Sie eingearbeitet sind, kann Ihnen die Strukturierung Ihrer Fragen bei der Präzisierung Ihres Themas hilfreich sein. Sie werden bei Ihrer Suche in den vielfältigen Netzen der Welt feststellen, daß sich andere mit Ihrem Thema beschäftigen und daß Sie nicht alleine sind.

E-mail
E-mail (elektronische Post) ist die häufigste Art, wie die Neuen Medien heute im Alltag eingesetzt werden. Die elektronische Post macht Sie jederzeit und über jedwede Distanz hinweg meist unter einer bestimmten Adresse erreichbar und ermöglicht es Ihnen, mit Menschen in Verbindung zu treten, die SpezialistInnen auf einem Gebiet sind, für das Sie sich interessieren. Im akademischen Bereich hat sich die elektronische Kommunikation längst durchgesetzt, und Sie sind gut

beraten, wenn Sie sich einklinken – gerade wenn es sich um Kontakte über große Entfernungen handelt.

Bulletin Boards
Hier findet ein Interessenaustausch auf einer Art „Schwarzem Brett" zu einzelnen Themen statt. Gleichgesinnte finden sich zusammen. Das kann sehr spannend sein, doch Vorsicht ist geboten: Die Richtigkeit der Informationen ist nicht gewährleistet. Überprüfen Sie deshalb alle Angaben, auch solche, die auf Ihre direkten Anfragen hin eingehen. Verzetteln Sie sich nicht!

Chatting
Real-time Chatting ist die schriftliche „Unterhaltung" in Echtzeit mit Gleichgesinnten zu einem Thema. Stellen Sie jedoch fest, ob Ihnen die Diskussionsgruppe wirklich etwas bringt – oft werden nur Belanglosigkeiten ausgetauscht. Verzetteln Sie sich nicht!

3.2.2 Ablagesystem

Die gesammelten Informationen sind nur so viel wert, wie sie gezielt abrufbar sind: Sie benötigen ein strukturiertes Ablagesystem! Jeder Titel, jedes Zitat, jeder Fremdtext und jeder eigene Gedanke sollte seinen ganz bestimmten Platz in Ihrer Ablage finden. Möglicherweise muß er auch an verschiedenen Stellen abgelegt werden. In jedem Fall sollten Sie in der Lage sein, ihn an jeder relevanten Stelle finden zu können.

Bibliographieren
Das Bibliographieren ist ein wichtiger, über das gesamte Projekt andauernder Prozeß. Es ist ein Arbeitsgebiet, auf dem sich viel Zeit sparen läßt. Wenn Sie es sich leisten können, delegieren Sie doch die Literatursuche an eine Wissenschaftsberatung oder ein Informationsbroker-Unternehmen. Je nach Fachrichtung und Fragestellung können Sie die Zeiten, die Sie sonst in Bibliotheken verbringen würden, auch durch das Einbeziehen neuer Informationstechnologien reduzieren – zum Beispiel durch die Verwendung des Internet oder eines Volltext-

recherche-Mediums (CD-ROM), auf dem etwa die zurückliegenden Ausgaben einer Zeitung oder die aktuellen Hefte vieler Fachzeitschriften zu einem Thema gesammelt sind.
Egal, welche Hilfsmittel Sie benutzen – Sie sollten in jedem Fall von Anfang an durch ein Ablagesystem Ordnung in Ihre Unterlagen bringen. Überlegen Sie frühzeitig, wie Sie bei der Ablage verfahren wollen. Dokumentieren Sie Ihre Suche präzise, stellen Sie mit Hilfe einer Computer-Datenbank oder von Papier-Karteikarten Ihre persönliche Bibliographie von Büchern, Aufsätzen, Zeitungsartikeln, Katalogen und anderen Materialien sowie Hinweisen zusammen. Entscheiden Sie sich für ein Datenbank-Programm, das möglichst kompatibel zu Ihrer Textverarbeitung ist, sich ohne Probleme einbinden läßt und dessen bisheriger Markterfolg ahnen läßt, daß in Zukunft abwärtskompatible Versionen entwickelt werden. Achten Sie vor allem auch darauf, daß die Datenbank Ihren Anforderungen an das Bibliographierformat gerecht wird.
Erkundigen Sie sich aus diesem Grund auch frühzeitig danach, welche bibliographischen Angaben in welcher Form an Ihrem Institut verlangt werden. Sie sollten immer zu jedem Buch AutorIn und/oder HerausgeberIn, genauen Titel einschließlich Untertitel, Auflage (bei der zweiten oder jeder späteren Auflage), Erscheinungsort und -datum sowie evtl. Verlag notieren. Bei einem Zeitschriftenaufsatz vermerken Sie AutorIn, Titel des Artikels, Name und Bandnummer sowie Erscheinungsjahr der Zeitschrift und die Seitenangaben des Aufsatzes. Außerdem schreiben Sie den Fundort (Bibliothek und genaue Auszeichnung oder eigener Bestand) auf, und präzisieren Sie, um welche Art der Quelle es sich handelt (Druckerzeugnis, Internet, Film). Machen Sie sich stichwortartige Notizen zum Inhalt (Suchbegriffe) und zu besonders wichtigen Textabschnitten, evtl. auch dazu, welcher Text auf welchen anderen Bezug nimmt und welcher Quelle Sie den Hinweis verdanken. Überprüfen Sie die bibliographischen Angaben, wenn Sie den Text selbst in den Händen halten. Für Quellen aus dem Netz notieren Sie neben AutorIn und Titel das Protokoll, die Adresse, den Pfad und das Datum der Nachricht oder des Netzbesuches.

Behalten Sie sich die Möglichkeit vor, im Lauf Ihrer weiteren Arbeit Bemerkungen zu ergänzen. Verfolgen Sie die Fußnoten und Bibliographien aller Texte, die Sie lesen, gründlich; so können Sie Ihren Datenbestand ständig weiter ausbauen. Zögern Sie aber auch nicht, überflüssige und nicht relevante Texte auszusortieren. Bedenken Sie: Je sorgfältiger Sie bibliographieren, desto leichter fällt Ihnen das Zusammenstellen vorläufiger Bücherlisten – etwa für das Exposé oder Vorträge zu Einzelaspekten – sowie der endgültigen Literaturliste in Ihrer Dissertation. Die Bibliographie sollten Sie im Laufe Ihrer Nachforschungen und beim Schreiben dauernd miterstellen und vervollständigen, das spart Ihnen eine Menge Ärger beim Fertigstellen der Dissertation.

Lesen
Sie werden die kommenden Monate und Jahre viel lesen müssen. Archivieren Sie alles – auch nicht Brauchbares sollten Sie als solches vermerken. Gewöhnen Sie sich rechtzeitig an, zu lesende und gelesene Texte in Ihre Materialsammlung aufzunehmen. Suchen Sie routinemäßig in jedem Buch oder Aufsatz nach weiterführenden Textangaben. Machen Sie es sich zur Gewohnheit, Texte immer auf eine bestimmte oder mehrere Fragestellungen hin zu lesen: Was wollen Sie von dem Text? Lesen Sie gezielt: Wie ist der Text aufgebaut? Was will er klären? Wie geht er vor? Entscheiden Sie vor allem bei Büchern im Vorfeld, welche Stellen Sie gründlich durcharbeiten und exzerpieren wollen. Dokumentieren Sie Ihr Lesen gründlich. Verwenden Sie für fremdsprachige Texte ein gutes allgemeines Wörterbuch und bei Bedarf Fachwörterbücher.

Sie können über nichts schreiben, was Sie nicht verstanden haben! Diskutieren Sie Ihren Lesestoff auch mit Ihrer Betreuungsperson, mit KollegInnen, Studierenden oder FreundInnen, und machen Sie sich ebenfalls Notizen über diese Gespräche.

Materialsammlung: Notizen, Exzerpte, Kommentare
Haben Sie einen Text vor sich liegen, sollten Sie sich neben den bibliographischen Angaben auch mehr oder weniger detaillierte Notizen

zu ihm machen. Überprüfen Sie die Richtigkeit und Aktualität von Informationen, die Sie in gedruckter Form oder auf CD-ROM vorfinden, ebenso wie Angaben, die Sie dem Netz entnehmen. Informationen, die Ihnen relevant erscheinen, werden Sie nach persönlicher Vorliebe und Erfahrung sammeln. Sie können zu diesem Zweck Indexkarten auf Papier oder am Computer anlegen, die Notizen, Exzerpte und Kommentare in einem Buch sammeln oder eine Loseblatt-Sammlung zusammenstellen. Jede Quelle sollte das Wiederfinden des Textes in der Bibliographie ermöglichen. Notizen (eigene Gedanken zum gelesenen Text können der Übersichtlichkeit halber etwa in eckige Klammern gesetzt werden), längere Exzerpte (Argumentationsschritte des Textes), Kommentare (Äußerungen des Autors/der Autorin des Textes zu anderen Texten) und Literaturliste ergänzen sich also gegenseitig.

Beim Exzerpieren, also dem auszugsweisen Zusammenstellen von Grundgedanken und Argumentationslinien eines längeren Textes, können Sie auf drei Arten vorgehen: Sie fassen größere Textpassagen zusammen, paraphrasieren wichtige Textstellen, bei denen es nicht auf den genauen Wortlaut ankommt, und schreiben Zitate wörtlich auf (kennzeichnen Sie Zitate deutlich und vergleichen Sie sie besonders gründlich mit dem Originaltext, Wort für Wort und Komma für Komma). In jedem Fall sollten Sie die Seiten genau angeben; markieren Sie auch, wo ein Zitat auf die nächste Seite überfließt. Sie vermeiden ungewollte Plagiate, wenn Sie Ihre Fundorte und -inhalte sorgfältig vermerken. Wörtliche Zitate sollten Sie sowohl in einem Exzerpt als auch in Exposé oder Abschlußarbeit immer exakt wiedergeben und klar als solche kennzeichnen.

Dokumentieren Sie auf jeden Fall zumindest stichwortartig Ihre Überlegungen, Versuchsanordnungen, Beobachtungen und Analysen. Die Reduktion komplexer Sachverhalte auf verständliche Zusammenhänge, Schaubilder, Tabellen und Modelle ist unerläßlich. Notizen, Exzerpte und Kommentare sollten die Fachliteratur treffend beschreiben und für die spätere Verwendung wiedererkennbar und abrufbar machen. Das gewählte Ablagesystem sollte es ermöglichen, Daten aller

Art aufzunehmen und zu verwalten und die Literatur ständig den einzelnen Fragestellungen und Kapiteln zuzuordnen.

3.3 Forschungsmethode, Theorieansätze

In jedem Fachgebiet existiert eine Unzahl von Herangehensweisen an ein Thema. Die Wahl der Methode hat einen entscheidenden Einfluß auf Ihre Fragestellung und die Art und Weise, wie Sie sie beantworten werden, also die Theorieansätze. So gilt es, sich im Vorfeld bereits Gedanken zur Methodik und den Theorieansätzen zu machen, die Sie wählen wollen. Zum einen werden Sie sich hier an persönlichen Vorlieben und Erfahrungen ausrichten, zum anderen wird Ihre Wahl der Betreuungsperson die Forschungsrichtung mitbestimmen, die Sie einschlagen werden. Eventuell hat der betreuende Lehrstuhl eine ganz bestimmte Ausrichtung. Ihre ersten Fragen in bezug auf die Ansätze und Methodik sollten lauten: Was will ich wissen, und wie will ich an dieses Wissen kommen? Diesen Forschungsanspruch sollten Sie mit Ihrer Betreuungsperson detailliert absprechen.

3.3.1 Vor- und Nachteile interner PromovendInnen

Sie können vor Ort die Interessenlage an einem Institut oder Lehrstuhl erkunden und kennen vielleicht die persönlichen Vorlieben einer Betreuungsperson bereits. Wenn nicht, sollten Sie sich die Veröffentlichungen des Professors/der Professorin und seiner/ihrer MitarbeiterInnen unter diesem Aspekt ansehen. Als MitarbeiterIn am Institut kennen Sie die dort angewandten Forschungsrichtungen. Andererseits ist für Sie die Methodik vielleicht zu selbstverständlich, als daß Sie sich explizit Gedanken darüber machen. Gerade in diesem Fall sollten Sie klare methodische Vorüberlegungen anstellen. Klären Sie diesen Punkt rechtzeitig mit Ihrer Betreuungsperson ab, und versichern Sie sich immer wieder, daß Sie auf dem richtigen Weg sind.

Je besser Sie in die universitäre und institutsinterne Umgebung eingebunden sind, desto größer wird die Wahrscheinlichkeit, daß Sie die dort vertretenen Methoden und Theorien Ihrerseits vollkommen aufgesogen haben und unreflektiert reproduzieren können. Ähnlich wie das Thema selbst müssen Sie sich Ihr methodisches und theoretisches Vorgehen jedoch erst aneignen, sich mit den Gegebenheiten und Konsequenzen vertraut machen und den eigenen Rahmen so stecken, daß Sie das Projekt bewältigen können.

Verfolgen Sie bei der Planung Ihrer Lehrveranstaltungen wenn möglich Ihre eigenen Interessen, machen Sie Einzelgebiete Ihres Projektes zum Seminarthema, stellen Sie Ihre Thesen zur Debatte, überprüfen Sie Ihre Methoden und Theorieansätze. Überlegen Sie sich aber auch rechtzeitig Themen für Ihre mündlichen Prüfungen, und geben Sie Seminare zu diesen Gebieten.

3.3.2 Vor- und Nachteile externer PromovendInnen

Sie haben vielleicht keinen Überblick über die jüngere Entwicklung von Forschungsmethoden und Theorieansätzen. Informieren Sie sich anhand neuerer Veröffentlichungen und Bibliographien zum Thema, behalten Sie aber immer Ihre eigenen Möglichkeiten und Interessen im Blick. Gerade weil Sie Abstand zum universitären Geschehen haben, ist es für Sie wichtig, dem universitären Anspruch auf neue Methodik und Theorie zu genügen, ohne sich zu überfordern. Stellen Sie deshalb Ihr Vorhaben detailliert dar, und fordern Sie immer wieder Rückmeldungen von Ihrer Betreuungsperson ein.

Überlegen Sie genau, welche methodischen Ansätze Ihre Berufsarbeit begünstigt, welche sich vielleicht aufgrund Ihrer Zeit- und Tageseinteilung verbieten. Können Sie viel Zeit in der Bibliothek verbringen? Haben Sie Zugang zu einem Labor oder Großrechner? Sehen Sie sich in der Lage, Umfragen durchzuführen? Haben Sie Vorwissen auf einem Gebiet?

10 Machen Sie sich kundig, wie bindend die Richtlinien in bezug auf das Thema und seine Bearbeitung sind, welche die Sie fördernde Institution ausgegeben hat.

3.4 Exposé

Ein Exposé dient der Feinstrukturierung des Themas in ausgearbeiteter, schriftlicher Form. Alle bisher geleisteten Vorarbeiten gehen in diesen Text ein, der in der Regel zwischen zehn und zwanzig Seiten umfaßt. Ein Exposé müssen Sie nicht nur Ihrer Betreuungsperson vorlegen, es stellt auch die Grundlage einer Bewerbung für ein Stipendium dar. Doch auch wer nicht durch äußere Umstände dazu gezwungen ist, sollte ein Exposé verfassen. Es zwingt zur klaren Eingrenzung des Problems und kann eine enorme Dynamik in bezug auf die Strukturierung des noch zu erarbeitenden Materials und die ersten Kapitel der Dissertation entwickeln.

Das Exposé besteht aus folgenden Teilen:
- Grobgliederung,
- Aufriß der Hauptfragestellungen,
- Aufzeichnung von Forschungsstand und Literaturlage,
- Erläuterung der Methode und Theorieansätze,
- Aufstellung von Hypothesen über die Forschungsergebnisse,
- Arbeits-, Zeit- und Projektplan,
- Überblicksbibliographie.

3.4.1 Vorteile eines Exposés

Das Exposé zwingt Sie dazu, Ihre Überlegungen zum Thema zusammenhängend zu formulieren und Ihre Thesen anderen vorzustellen. Sie müssen Gedankengänge logisch entwickeln, Brüche in der Argumentation fallen auf und lassen sich kritisieren und verbessern. Das Exposé stellt die Grundlage der Dissertation dar.

Im Rahmen des Exposés sollten Sie sich einige Grundsatzfragen stellen:
- Was ist Ihre Fragestellung?
- Welche Fragen läßt die bisherige Forschung offen?
- Was erwarten Sie von sich?
- Was wollen Sie mit der Arbeit erreichen? Wollen Sie einen Sachverhalt austesten, definieren, analysieren oder erklären, eine Vorgehensweise vergleichen oder kontrastieren, verteidigen Sie eine bestimmte Lehrmeinung, oder wollen Sie bei den Lesenden eine Reaktion hervorrufen?
- Für wen schreiben Sie? Was erwartet Ihr Gegenüber von Ihnen? Entspricht seine Meinung der Ihren?
- Was ist Ihr Zeitrahmen?
- Wie schätzen Sie Ihren Zeit- und Kraftaufwand im Vergleich zur Funktion und zum Stellenwert der Dissertation ein?
- Wie wollen Sie den Text gliedern?

Bedenken Sie besonders die Perspektive Ihrer LeserInnenschaft, die Sie auf Grund Ihres Exposés beurteilen wird. Die erste Seite entscheidet darüber, ob überhaupt eine weitere Seite gelesen wird. Das heißt für Sie, daß Sie Ihre Zielgruppe nicht nur ansprechen, sondern in den Bann Ihres Textes ziehen müssen.

3.4.2 Hauptfragestellungen formulieren

Ihre Überlegungen zur Eingrenzung des Themas, zum Forschungsüberblick und zur -methode sowie Ihre Literaturrecherche finden direkt Eingang in das Exposé: Sie münden in die zusammenhängende und ausformulierte Darstellung von Interessenhorizont und konkreten Fragestellungen. Ausgehend von einzelnen Fragestellungen, entwickelt sich im Exposé eine Skizze des Argumentationsablaufs. Zögern Sie nicht, Ihre Fragestellungen immer wieder nachzubessern und zu präzisieren und so an Ihren Wissensstand anzupassen. Das Ziel einer Dissertation ist selten nur die quantitativ umfassende Auseinan-

dersetzung mit einer Fragestellung, sondern in der Regel eine qualitativ anspruchsvolle Auswahl zentraler Aspekte. Bei Schwierigkeiten kann es helfen, einer Betreuungsperson den Stand Ihrer Forschung und Ihre Absichten darzulegen. Oft wird einem Gegenüber beim Gespräch deutlicher, worauf Sie hinauswollen, als Ihnen selbst.
Für den wissenschaftlichen Austausch etwa im Oberseminar, in einer Arbeitsgruppe oder bei Tagungen ist es wichtig, eine präzise Vorstellung vom eigenen Thema zu haben. Das Exposé kann als Grundlage für mündliche Vorträge und Zwischenberichte sowie Einzeldarstellungen dienen. Sie sollten nach Möglichkeit Fachtagungen besuchen; solche Veranstaltungen zwingen Sie zum Dialog mit anderen und befruchten Ihre Arbeit. Das Ausformulieren Ihrer Fragestellungen ist ein Prozeß, der sich über längere Zeit hinziehen kann. Bleiben Sie ständig offen für Anregungen und Veränderungen.

3.4.3 Grobgliederung erstellen

An dieser Stelle sollten Sie die erste grobe Gliederung entwerfen und die wesentlichen Kapitel und wichtige Unterkapitel festlegen. Selbstverständlich wird sich an diesem Vorentwurf noch einiges ändern, aber die Grobargumentation Ihrer bisherigen Überlegungen sollte hier systematisch dargestellt werden, damit Sie den Aufbau für sich und andere dokumentieren (zur Feingliederung siehe 5.2).

3.4.4 Hypothesen entwickeln

Über die Ergebnisse Ihrer Arbeit läßt sich zu diesem Zeitpunkt nur spekulieren. Jetzt ist es an der Zeit, aus ersten provisorischen Ansätzen Hypothesen – also zu diesem Zeitpunkt noch unbewiesene und nicht beweisbare Annahmen über einen Sachverhalt – zu entwickeln, die Ihr Projekt bestätigen oder widerlegen soll. Auf dem Weg zu wissenschaftlichen Erkenntnissen sind Hypothesen unerläßlich, zeigen sie doch die Richtung an, in die Sie gehen wollen. Sie stellen ein Versprechen dar, das Ihre Dissertation einlösen sollte.

Hypothesen müssen sich aber bereits im Exposé an der Erkenntnislage messen lassen. So müssen sie etwa durch eine historische Darstellung bekannter Sachverhalte und die Schilderung der bisherigen Forschungsergebnisse plausibel gemacht werden. Außerdem werden die Hypothesen im Verlauf des Forschens und Schreibens ständig modifiziert werden, womit sich die Bedingungen für die weitere Erschließung des Themas ebenfalls verändern. Entlang der Hypothesen entwickeln Sie zuerst einen Entwurf, dann im Verlauf Ihrer Untersuchungen und beim Schreiben die Thesen Ihrer Dissertation.

Das Aufstellen und Weiterentwickeln einer Hypothese erfordert zumindest einen teilweisen Verzicht auf eigene Überzeugungen. Eine Hypothese sollte so offen wie möglich formuliert sein, um Überraschungen im Projektverlauf zuzulassen.

3.4.5 Arbeitsplan

Der Arbeitsplan umreißt die geplanten methodischen Arbeitsschritte der Dissertation und bezieht sie thematisch aufeinander, hilft also dabei, das Projekt inhaltlich zu strukturieren und in den Griff zu bekommen. So werden etwa Forschungs- und Schreibphasen einander ablösen, folgt der Datenerhebung die Analyse. Es handelt sich also um eine systematische Darstellung der einzelnen Arbeits- und Erkenntnisschritte, die nötig sind, um Ihre Arbeitshypothesen zu beweisen oder zu widerlegen. Bevor Sie den Arbeitsplan erstellen, sollten Sie sich darüber im klaren sein, welche Aufgaben Sie überhaupt selbst erledigen müssen und welche Arbeitsschritte Sie gegen Geld oder im Austausch gegen Eigenleistungen delegieren können. Gerade bei Gruppenprojekten ist es nötig, die individuellen Arbeitspläne genau aufeinander abzustimmen. Die logische Abfolge der eigenen Arbeitsschritte kann sich durchaus in der Praxis und im Umgang mit Beteiligten verändern, dann sollten Sie aber auch den Arbeits- und Zeitplan entsprechend aktualisieren. Denn anhand dieser Pläne sollten Sie Ihre Leistungen immer wieder überprüfen und eventuell dem Arbeitsstand anderer angleichen.

3.4.6 Zeitplan

Die Phasen, die der Arbeitsplan festlegt, werden nach sorgfältiger und realistischer Einschätzung Ihrer Kapazitäten in einen zeitlichen Ablauf eingebunden. Das Schreiben einer Dissertation nimmt je nach Themenwahl, Methodik und Arbeitsbedingungen zwischen 1200 und 3000 Arbeitsstunden in Anspruch. Die Bearbeitungszeit wird um so kürzer, je enger Ihr Thema formuliert ist, je besser Sie betreut werden und je mehr Aufgaben Sie delegieren können.
Beachten Sie: Pläne dienen der Zeitersparnis und Selbstüberprüfung nur, wenn sie kontinuierlich überprüft und entsprechend korrigiert werden. Kein noch so gut durchdachter Zeitplan bleibt von Projektanfang bis zum Ende gleich (siehe auch die Kapitel 2.5 und 4.3).

3.4.7 Projektplan

Der Projektplan verbindet die einzelnen Arbeitsschritte, aber auch die Pufferzeiten dynamisch und detailliert mit einem genauen Zeitplan. Legen Sie die einzelnen Schritte zur Bewältigung Ihres Projektes fest, und tragen Sie diese in einem Koordinatensystem aus Zeit- und Aufgabenachse ein. Diese tabellarische Darstellung ermöglicht es Ihnen, die parallel ablaufenden und sich wiederholenden Arbeitsschritte deutlich zu machen. Ein Projektplan unterteilt das Großprojekt in viele kleine Arbeitsschritte und gibt so Vertrauen in die Machbarkeit des Vorhabens. Die tabellarische Visualisierung läßt die einzelnen Arbeitsschritte plastischer erscheinen (siehe Abschnitt 5.6). Sie ermöglicht es, die eigenen Fortschritte ständig zu überprüfen und den genauen Arbeitsstand zu jedem Zeitpunkt einzuschätzen. Auch der Projektplan sollte für Veränderungen jederzeit offen sein bzw. der jeweiligen Phase angemessene Pufferzeiten beinhalten.
Je nach Forschungsmethode sieht ein Projektplan ganz unterschiedlich aus. Wenn Sie z. B. eine aufwendige empirische Untersuchung planen, muß der Forschungsteil seinen besonderen Platz in Ihrem Plan

finden. Bedenken Sie, daß Sie zuerst die Entscheidung für die Methode treffen müssen, bevor Sie Ihren Projektplan dazu entwerfen können.

Hängen Sie Ihren (möglicherweise bunt und fröhlich gestalteten) Projektplan gut sichtbar in Ihrem Arbeitszimmer auf!

! Planen Sie auch Ihre persönlichen und beruflichen Belange in Ihren Projektplan ein – notieren Sie dies aber nicht in der offiziellen Version für das Exposé. Denken Sie daran, daß eine angesagte Hochzeit ein Zeitfaktor ist, den Sie berücksichtigen müssen. Bedenken Sie aber auch, daß die Zeit nach der Dissertation eventuell ihre Schatten voraus wirft: Sie sollten sich z. B. bereits während der Dissertationsphase für eine neue Stelle bewerben und deshalb Zeit für die Bewerbung einplanen. Sie werden also wahrscheinlich verschiedene Versionen Ihrer Pläne erstellen, offizielle und persönliche.

3.4.8 Methodisches Vorgehen beschreiben

In diesem Abschnitt schildern Sie die methodische Vorgehensweise, für die Sie sich entschieden haben, und führen aus, warum gerade diese Methode die richtige für die vorliegende Problemstellung ist. Jedes wissenschaftliche Arbeiten setzt eine Methodik ein, auch und gerade wenn diese Methodik zum Allgemeingut innerhalb eines Instituts oder einer Fachrichtung geworden ist. Diese methodischen Voraussetzungen sollten Sie sichtbar machen und in bezug auf Ihr Thema kommentieren.

3.4.9 Theoretische Ansätze ausführen

Die Dissertation ist eine eigenständige Leistung des/r Promovierenden und gehört zu den wissenschaftlichen Arbeiten, die eine in wesentlichen Teilen ursprüngliche Auseinandersetzung mit einem Themenkomplex darstellen. Als wissenschaftliche Monographie (Einzeldarstellung) baut sie allerdings auf bestehende Forschungsansätze auf und situiert sich in Relation zu den verwendeten und den nicht verwendeten Ansätzen. *Jeder* Arbeit liegt eine Theorie zu Grunde, auch und gerade wenn diese Theorie zum Allgemeingut innerhalb eines Instituts oder einer Fachrichtung geworden ist. Diese Theorievoraussetzungen sollten Sie sichtbar machen und in bezug auf Ihr Thema kommentieren.

3.4.10 Literaturliste zusammenstellen

Das Exposé sollte eine Literaturliste mit den zentralen Texten zum Thema enthalten. Die Bibliographie sollte den Forschungsstand und die eigenen Nachforschungen widerspiegeln. Nehmen Sie keine Texte in die Liste auf, die Sie nicht kennen, denn die Nennung eines nicht gelesenen Buches oder Aufsatzes kann peinlich werden. Verzetteln Sie sich bei der Auswahl von Texten nicht, beschränken Sie sich von Anfang an auf das Wesentliche, das spart viel Zeit (siehe auch 3.2.1).

3.5 Thema mündlich vor Fachpublikum vertreten

Von Anfang an müssen Sie Ihr Thema auch mündlich vertreten können. Nur wenn es Ihnen gelingt, andere von der Wichtigkeit Ihres Projektes zu überzeugen und ihnen klarzumachen, daß Sie den Umfang bewältigen können, haben Sie eine Aussicht auf Erfolg. Vor allem wenn Sie es nicht gewohnt sind, frei zu sprechen, oder Angst vor dem Rednerpult haben, sollten Sie Ihr Auftreten vorher üben. Machen Sie sich auch auf weiterführende, verständnislose, im Extremfall sogar feindliche Fragen gefaßt. Überlegen Sie sich eine Argumentationsstrategie. Nur wenn Sie selbst von Ihrem Projekt überzeugt sind, können Sie auch andere für sich einnehmen!
Wissenschaftliche Stellungnahmen und Vorträge unterliegen je nach

Fachgebiet ganz unterschiedlichen Regeln. Machen Sie sich am Lehrstuhl oder bei den Lehrkräften kundig! Reden Sie – zumal wenn Sie das erste Mal vor größerem Fachpublikum auftreten – mit Ihrer Betreuungsperson, und sichern Sie sich ihre Unterstützung. Teilen Sie es ihr mit, wenn Sie sich über ihre Anwesenheit freuen würden. Versichern Sie sich, daß eine Ihnen gewogene Person Sie zu Beginn Ihres Vortrages einführt und daß dieser die nötigen Angaben zu Ihrer Person vorliegen. Stellen Sie sich notfalls selbst vor.

Je nach Fachgepflogenheit tragen Sie frei vor oder lesen Ihre Präsentation vom Blatt. In jedem Fall sollten Sie den Vortrag mehrmals üben, bevor es ernst wird, wenn möglich auch vor Versuchspersonen.

In vielen Fachbereichen ist es üblich, eine mündliche Präsentation mit Hilfe von Overhead-Folien oder Dias zu belegen. Üben Sie auch den Einsatz von Geräten, und markieren Sie die Stellen in Ihrem Vortrag mit Zahlen, an denen Sie Ihre durchnumerierten Bilder zeigen. Versichern Sie sich vor Ihrem Auftritt, daß die von Ihnen benötigten technischen Geräte vorhanden sind und funktionieren. Inspizieren Sie notfalls den Raum, in dem Sie sprechen, und üben Sie vielleicht sogar vor Ort. Erkundigen Sie sich, wie groß Ihr Publikum ungefähr sein wird. Wenn Sie mit Mikrophon auftreten, sollten Sie die Funktionsfähigkeit der Anlage und die eingestellte Höhe des Stativs überprüfen.

F Beachten Sie gerade als Frau, daß die meisten Mikrophone auf die Stimmlagen von Männern eingestellt sind. Wenn möglich, lassen Sie dies korrigieren. Der fundierteste Vortrag verliert an Gewicht, wenn Ihre Stimme hoch und schrill reproduziert wird.

Halten Sie die gewünschte Redezeit unbedingt ein! Das Überziehen der Sprechzeit ist eine Unsitte, die bei Tagungen und in Seminaren immer seltener geduldet wird. Stoppen Sie also die Redezeit, bevor Sie auftreten. Überlegen Sie und markieren Sie bei Bedarf in Ihrem Redemanuskript die Passagen, die Sie im Falle der Zeitknappheit weglassen können.

Ihr Vortrag sollte nicht nur durch Vollständigkeit und technische Perfektion Eindruck schinden; er sollte vor allem verständlich sein. Deshalb ist es wichtig, möglichst genau zu wissen, wer zuhört, und Inhalt und Vortragsstil auf das Publikum abzustimmen. Bemühen Sie sich um eine klare, präzise Formulierung. Halten Sie Ihre Sätze eher kurz und überschaubar, und veranschaulichen Sie vor allem komplexe Zusammenhänge mit Beispielen. Tragen Sie langsam und verständlich vor. Nehmen Sie während der Präsentation immer wieder Blickkontakt zu den Zuhörenden auf. Versichern Sie sich, daß sie Ihnen noch folgen können. Nehmen Sie Bitten um langsameres Sprechen ernst. Entnehmen Sie weitere Anregungen zum Vortragen vor Publikum der einschlägigen Literatur.

Ihrer Präsentation folgt meist eine Diskussion. Fragen Sie vor dem Vortrag jemanden (etwa die Person, die Sie eingeführt hat), ob er/sie die Diskussionsleitung übernimmt, dann können Sie sich ganz auf die Meldungen aus dem Publikum konzentrieren. Notieren Sie Fragen und Anregungen mit einem mitgebrachten Stift – auch für die Nacharbeit und Ergänzung Ihrer Thesen zu Hause. Bedenken Sie, daß Ihnen jede öffentliche Präsentation Ihres Themas die Chance bietet, Ihre Argumentation zur Diskussion zu stellen und so die Qualität Ihrer Arbeit zu überprüfen.

Ein Vortrag zu Ihrem Dissertationsprojekt muß einige Standardelemente enthalten. Sie sollten
- Gliederung, Thema und Hauptfragestellungen einführen,
- die These vorstellen,
- den Forschungsüberblick umreißen,
- Ihre methodische Vorgehensweise und die gewählten Theorieansätze präsentieren
- und eventuell bereits gewonnene Erkenntnisse vorstellen.

Für alle Personengruppen gilt: Je größer Ihre Vortragserfahrung, desto besser Ihre Erfolgschancen. Sie sollten jedoch die spezifischen Anforderungen an einen wissenschaftlichen Vortrag nicht unterschätzen. Geben Sie nicht gleich auf, wenn Sie mit Ihrer ersten Präsentation nicht zufrieden sind, und besuchen Sie bei Bedarf einen Rhetorik- oder Moderations- und Präsentationskurs.

! Eine nicht unwichtige Überlegung sollte der Wahl Ihres Erscheinungsbildes gelten. Achten Sie darauf, sich der Situation angemessen zu kleiden. Achten Sie neben Seriosität auch auf Authentizität. Sie sollten sich in Ihrem Outfit wohlfühlen – wählen Sie kein zu enges Jackett und keine brandneuen Schuhe. Machen Sie sich Ihr Publikum nicht durch eine zu legere oder eine zu aufreizend oder überladen gestaltete Eigenpräsentation zum Feind.

3.6 Stipendium beantragen?

Studierende können sich um ein Stipendium für ihre Dissertation bemühen. Dabei kann es sich um ein meist zweijähriges Postgraduiertenstipendium handeln, um ein kurz- oder längerzeitiges Auslandsstipendium zu Forschungszwecken oder um die finanzielle Unterstützung einzelner Arbeitsschritte, von der Materialsuche bis zur Drucklegung. Ein Stipendium kann als Ganz- oder Teilfinanzierung einer Dissertation dienen. Für Kinder und nicht verdienende EhepartnerInnen gewähren viele Förderungsprogramme zusätzliche Mittel. Da die Fördersätze jedoch in der Regel recht niedrig sind, können StipendiatInnen einen steuerlichen Einkommensfreibetrag geltend machen. Erkundigen Sie sich über die unterschiedlichen Bedingungen des Zuerwerbs bei den einzelnen Stiftungen. Zum Teil wird auch das Einkommen des Ehepartners/der Ehepartnerin angerechnet, so daß unterm Strich vom Stipendium nichts übrig bleibt und nur das Finanzamt profitiert.

Die Bewerbung für ein Stipendium zwingt AntragstellerInnen dazu, ihr Projekt auf den Punkt zu bringen und ein zielgerichtetes Exposé zu verfassen.

3.6.1 Verschiedene renommierte Stiftungen

Erkundigen Sie sich beim Stipendienreferat Ihrer Universität danach, welche Stipendien in Ihrem Fachgebiet angeboten werden und welche Voraussetzungen Sie erfüllen müssen. Es lohnt sich auch, nach gruppenspezifischen Stipendien zu fragen, die nicht themengebunden sind, also etwa nach Unterstützung für Frauen, die wegen der Geburt von Kindern die Universität vorübergehend verlassen haben, oder für WiedereinsteigerInnen anderer Art. Auch beim Lehrstuhl können Sie sich darüber informieren, welche Themen aktuell unterstützt werden. Im Buchhandel sind detaillierte Stipendien-Broschüren erhältlich. Einen ausführlichen Überblick bietet das *Stiftungshandbuch* (Baden-Baden, Nomos-Verlagsgesellschaft, 1989) das Sie sich aus Kostengründen vielleicht aus der Universitätsbibliothek besorgen wollen. Grundsätzlich gilt es abzuwägen, ob Sie auf eine renommierte Stiftung angewiesen sind oder es nicht sinnvoller ist, die Berufsbiographie nicht zu unterbrechen.

Stiftungen und Begabtenförderungswerke des Bundes

Studienstiftung des Deutschen Volkes
Nur auf Vorschlag durch Schule, HochschullehrerInnen oder Fachbereich. Ausschlaggebend sind die Leistung innerhalb, aber auch die Aktivitäten außerhalb des Studienfaches; keine sozialen Kriterien.

Friedrich-Ebert-Stiftung (SPD)
Eigenbewerbung und Vorschlag; Ziel der Stiftung ist es, soziale, politische oder religiöse Benachteiligung ausländischer und deutscher Studierender auszugleichen. Voraussetzung sind besondere Begabung und fachliche Qualifikation sowie gesellschaftspolitisches Engagement. Begabte Frauen werden besonders berücksichtigt.

Heinrich-Böll-Stiftung (Die Grünen)
Eigenbewerbung; Ziel der Stiftung ist es, Studierende zu unterstützen, die sich gegen Unterdrückung und für Völkerverständigung sowie ökologische Grundsätze engagieren; entscheidend sind besondere Begabung und fachliche Qualifikation, gesellschaftspolitisches Engagement, soziale Lage, Berufsausbildung außerhalb der Hochschule, Un-

terbrechung des Studiums aus familiären Gründen. Begabte Frauen werden besonders berücksichtigt.

Friedrich-Naumann-Stiftung (FDP)
Eigenbewerbung; gefördert werden deutsche und ausländische (aus den Projektländern der Stiftung) Studierende entsprechend ihrer fachlichen Qualifikation und ihrem gesellschaftspolitischen Engagement.

Konrad-Adenauer-Stiftung (CDU)
Eigenbewerbung; überdurchschnittliche wissenschaftliche Leistung und gesellschaftspolitisches Engagement deutscher Studierender werden besonders berücksichtigt.

Hanns-Seidel-Stiftung (CSU)
Eigenbewerbung; berücksichtigt werden deutsche Studierende mit überdurchschnittlichen wissenschaftlichen Leistungen und gesellschaftspolitischem Engagement; spezielles journalistisches Förderprogramm.

Hans-Böckler-Stiftung (Deutscher Gewerkschaftsbund)
Eigenbewerbung; gefördert werden vorrangig besonders begabte und gewerkschaftlich oder gesellschaftspolitisch engagierte Studierende mit Berufserfahrung; auch soziale Kriterien spielen eine Rolle.

Evangelisches Studienwerk (evangelische Landeskirchen)
Eigenbewerbung; Voraussetzungen sind die fachliche Qualifikation und ein besonderes wissenschaftliches, religiöses und gesellschaftliches Engagement, Zugehörigkeit zur evangelischen Kirche, deutsche Staatsangehörigkeit (gefördert werden auch Kinder ausländischer ArbeitnehmerInnen aus EU-Ländern).

Cusanuswerk (bischöfliche Studienförderung)
Eigenbewerbung und Vorschlag durch Gymnasium, HochschullehrerInnen oder bereits Geförderte; Voraussetzungen sind die fachliche Qualifikation, wissenschaftliches, religiöses und gesellschaftliches Engagement, katholische Konfession, deutsche Staatsangehörigkeit (evtl. auch ausländische Studierende).

Es existiert eine große Menge anderer Promotionsstipendien, etwa die Graduiertenprogramme der Länder, die besonders qualifizierte wissenschaftliche und künstlerische Nachwuchskräfte fördern. Viele DoktorandInnen bewerben sich auch bei Graduiertenkollegs, die ihre Stipendien themenbezogen an Graduierte vergeben; die Geförderten arbeiten alle auf einem Forschungsgebiet oder zu einer Fragestellung und nehmen an gemeinsamen Lehrveranstaltungen teil.

Auch ein Auslandsstipendium könnte für Sie von Interesse sein. Neben instituts- und fachspezifischen Stipendien existieren europäische Austauschprogramme, etwa das Socrates-/Erasmus-Programm. Außerdem vergibt der Deutsche Akademische Austauschdienst (DAAD) Stipendien fürs Ausland, auch für Forschungsvorhaben im Rahmen einer Dissertation.

F Außerdem gibt es länderspezifische Hochschulsonderprogramme für Frauen. Sie sollen die Voraussetzungen dafür schaffen, daß sich der Frauenanteil an Professuren erhöht. Als Teil der Maßnahmen werden (im Rahmen der Finanzierungsmöglichkeiten) Stipendien für Doktorandinnen, gerade auch für Wiedereinsteigerinnen, angeboten. Die Vergabekriterien orientieren sich an den besonderen biographischen Voraussetzungen von Frauen, berücksichtigen also gerade auch Ausfallzeiten durch familiäre Verpflichtungen. Erkundigen Sie sich bei der Frauenbeauftragten Ihrer Universität!

! Bedenken Sie, daß das gezielte Ausarbeiten eines Projektantrages, mit dem Sie sich für ein Stipendium bewerben wollen, einen riesigen Zeit- und Arbeitsaufwand bedeutet. Bis zu einem Jahr können die Vorbereitungen in Anspruch nehmen. Andererseits bringt ein solcher Antrag Ihre Dissertation mit Sicherheit voran.

Ein Stipendienantrag besteht in der Regel aus folgenden Komponenten:
- Anschreiben,
- Lebenslauf,
- Kopien Ihrer Zeugnisse,

- Exposé
- und ein bis zwei Gutachten.

Fordern Sie die Spezifikationen der jeweiligen Stiftung und Organisation an. Erkundigen Sie sich rechtzeitig über Antragstermine, Altersgrenzen, Studienvoraussetzungen und andere Zulassungsbeschränkungen. Für viele Stipendien können Sie Beratung und Hilfe bei der Antragstellung einholen – machen Sie sich schlau!

Anschreiben
Das Anschreiben geht auf die spezifische Situation der Antragstellerin/des Antragstellers ein und begründet das Interesse an der Stiftung, an die sich der Antrag wendet. Es umreißt auch die Bedeutung, die das Projekt für die fördernde Institution haben könnte.

Lebenslauf
Der Lebenslauf nennt in meist tabellarischer Form alle Lebensstationen, die mit dem Studium und dem gewählten Thema direkt zu tun haben. Vermeiden Sie unnötige Angaben, und beschränken Sie sich auf das Wesentliche.

Zeugnisse
Es werden alle Zeugnisse beigelegt, die mit dem Studium und dem gewählten Thema direkt zu tun haben. Fremdsprachige Beurteilungen sollten übersetzt werden.

Exposé mit Projektbeschreibung, Arbeits- und Zeitplan
Das Exposé, also die zusammenhängende Darstellung des wissenschaftlichen Vorhabens, der geleisteten Vorarbeiten und des Zeitplans, sollte nur in Ausnahmefällen mehr als zwanzig Seiten umfassen.

Gutachten
Meist sind Gutachten zweier Lehrpersonen erforderlich, die in der Lage sind, Ihre bisher erbrachten wissenschaftlichen Leistungen und die Qualität des Vorhabens zu beurteilen. Wählen Sie Personen, die Sie kennen und von denen Sie annehmen, daß sie Sie fair und möglichst positiv einschätzen. Die Gutachten sind oft maßgeblich für den Sti-

pendienentscheid, da die organisationsinternen GutachterInnen der Beurteilung durch eine Person vertrauen, die Sie persönlich kennt und Ihre Arbeitsweise einschätzen kann. Informieren Sie Ihre GutachterInnen frühzeitig! Die meisten Stipendienanträge enthalten Bögen mit konkreten Fragen an die GutachterInnen. Erkundigen Sie sich, ob Sie die Eckdaten Ihres Werdeganges (Lebenslauf) und der Bekanntschaft mit der begutachtenden Person in Stichworten als Grundlage für eine Beurteilung oder gar einen ausformulierten Entwurf abgeben sollen.

Bei manchen Stiftungen müssen AntragstellerInnen zusätzlich zu den im Vorfeld beigebrachten Gutachten bei weiteren, stiftungsintern bestellten GutachterInnen erscheinen und ihr Projekt in einem oder mehreren persönlichen Gesprächen vorstellen. Eventuell ist außerdem die Beurteilung durch eine bereits geförderte Person erforderlich.

4 Forschungsphase

Sie haben Ihr Thema eingegrenzt, die wesentliche Literatur gesichtet, Theorie und Methode bestimmt, ein Exposé geschrieben, es mit verschiedenen relevanten Menschen besprochen und vor einem Fachpublikum verteidigt.

Sie haben das Placet Ihrer Betreuungsperson eingeholt, und jetzt geht es an in die konkrete Erhebungsphase. Je nachdem, welche Forschungsmethode Sie wählen, kommen unterschiedliche Probleme auf Sie zu. Die Schwerpunkte und die zeitliche Abfolge der einzelnen Erhebungsschritte unterscheiden sich. Je nachdem, welche Methode Sie in Abstimmung mit oder auf Anregung von Ihrer Betreuungsperson wählen, müssen Sie die einzelnen Arbeitsschritte klar voneinander trennen und in einer fest vorgeschriebenen Reihenfolge erledigen oder aber in kleinere Einheiten zerlegen, eventuell sogar zeitgleich abarbeiten.

4.1 Erhebung

Wie Sie wissen, hängt die Wahl der Methode mit der Fragestellung Ihrer Dissertation auf das engste zusammen. So werden Sie z. B. für die Entwicklung eines speziellen Materials für Zahnfüllungen keine qualitative Forschungsmethode wählen. Selbstverständlich können wir an dieser Stelle nicht alle Methoden und Auswertungsmöglichkeiten vorstellen. Wir können Ihnen jedoch in komprimierter Form allgemeine Hinweise für die Planung und Durchführung Ihrer Untersuchung anbieten. In diesem Kapitel erhalten Sie Anregungen – detaillierte Ausführungen zur Methode Ihrer Wahl können Sie in der einschlägigen Fachliteratur nachlesen. Besprechen Sie sich mit Ihrer Betreuungsperson über die am Lehrstuhl empfohlene Literatur, und ho-

len Sie sich Anregungen beim Lehrpersonal. Berücksichtigen Sie auch Ihre eigenen Präferenzen bzw. Vorkenntnisse!
Bedenken Sie, daß die unterschiedlichen Methoden je nach Fach, aber auch im allgemeinen wissenschaftlichen Diskurs einer Wertung unterliegen: Allgemein wird die qualitative Forschung im Gegensatz zur quantitativen als die weniger valide Forschungsmethode erachtet und auf Grund des „weicheren" Forschungszugangs als „leichter" und in ihren Erkenntnissen als beliebiger dargestellt. Von solchen Vorbewertungen sollten Sie sich nicht täuschen lassen, denn die Auswertung einer fundierten qualitativen Analyse ist sehr zeit- und energieaufwendig.
Außerdem bedarf es besonders in diesem Fall einer intensiven Beschäftigung mit der Methodenlehre. Sie müssen sich darüber im klaren sein, daß Sie weniger starre Raster vorfinden und deshalb eine besondere Eigenleistung für die Erstellung Ihres spezifischen Auswertungsschemas erbringen müssen. Das heißt, Sie arbeiten auf der einen Seite zwar kreativer, müssen sich allerdings immer mehr rechtfertigen und detaillierte Nachweise erbringen, weil Sie oben genannten Vorbewertungen unterliegen. Selbstverständlich sind Methoden auch an das Fach gebunden.

4.1.1 Forschungsmethode

Was kommt bei der Wahl welcher Forschungsmethode also auf Sie zu?
Sie haben eine bestimmte wissenschaftliche Fragestellung und einige Hypothesen und Annahmen im Kopf. Diese Annahmen sollen Sie beweisen bzw. widerlegen, und deshalb müssen Sie überlegen, wie Sie das am besten bewerkstelligen können: Sie suchen eine Methode.

! Bedenken Sie: Die Dinge, die Sie interessieren und überprüfen wollen, müssen durch die Methode abgedeckt werden. Das Setting muß alle Bereiche, die Sie später auswerten wollen, tatsächlich erfassen: Raum, Zeit, Ort, Zahl und Reichweite. Was immer an Kriterien in der

Erhebungsphase festgelegt wird, ist irreversibel. Wenn Sie z. B. in der Auswertungsphase einer großen quantitativen Studie zum Prüfungsverhalten deutscher SchülerInnen feststellen, daß das Geschlecht zwar offensichtlich eine große Rolle spielt, Sie dieses Kriterium aber nicht abgefragt haben, haben Sie ein Problem, das Sie nachträglich nicht mehr lösen können. Achten Sie also peinlich genau auf die Auswahl Ihrer Erhebungskriterien, und lassen Sie diese von mehreren ExpertInnen überprüfen.

4.1.1.1 Literaturarbeit

Wenn Sie sich für eine Literaturarbeit entscheiden, arbeiten Sie mit Texten. Sie sind die Basis Ihrer Auswertung einer wissenschaftlichen Fragestellung. Ob Sie die vorhandenen Quellen z. B. in einer historischen Arbeit nach bestimmten Fakten durchsuchen oder Literatur interpretieren – immer steht der geschriebene Text im Vordergrund.
Wenn Sie diese Art der Methode wählen, sollten Sie ein Bücherwurm sein, denn Sie werden die Hauptzeit Ihrer Dissertation mit dem Lesen von Texten verbringen. Sie sollten in jedem Fall ein ausgeklügeltes Bibliographiersystem erstellen, in dem Sie die gelesenen Texte zusammenfassend und/oder zitierend (genaue Kennzeichnung!) von Beginn Ihrer Arbeit an festhalten, um Texte nicht mehrfach bearbeiten zu müssen.

! Es besteht die Gefahr der Vereinsamung am Schreibtisch. Sie haben zwar den Vorteil, daß Sie Ihren Zeitplan forschungstechnisch mit niemand anderem abgleichen müssen, andererseits erfordert diese Methode besondere Selbstdisziplin. Möglicherweise drehen sich Ihre Gedanken nach geraumer Zeit um die eigene Achse. Deshalb ist es für Sie besonders wichtig, daß Sie das Gesamtprojekt analytisch in einzelne Arbeitsschritte unterteilen.

Die Wahl einer Forschungsarbeit mit Texten muß nicht mit Vereinsamung einhergehen. Es gibt genügend Möglichkeiten, in Fachgremien und wissenschaftlichen Sektionstagungen Austausch zu finden und

erhellende, neue Ideen zu entwickeln. Sorgen Sie also für eine ausreichende Einbettung in die speziellen Fachverbände und -gremien. Achten Sie insgesamt auf genügend Austausch mit anderen WissenschaftlerInnen, besprechen Sie sich deshalb häufig mit Ihrer Betreuungsperson, und nehmen Sie die Anregungen zur Kenntnis. Fertigen Sie ein Protokoll solcher Fachgespräche an, und nehmen Sie die Aufzeichnungen immer wieder zur Hand – vor allem, wenn Sie wieder einmal in einer gedanklichen Schlaufe stecken.
Gerade bei Literaturarbeiten gehen die einzelnen Arbeitsschritte ineinander über. Halten Sie Ihren Arbeitsplan besonders akribisch ein.

4.1.1.2 Qualitative Arbeit

Es gibt unterschiedliche Arten von qualitativen Methoden, von der teilnehmenden Beobachtung bis hin zum strukturierten Leitfadeninterview. Sie haben zwar den Vorteil größtmöglicher Freiheit in Ihrem Setting, aber auch den Nachteil, daß Sie dieses entsprechend methodologisch vertreten und über ausgeprägte emphatische und psychologisch geschulte Fähigkeiten verfügen müssen.

Wenn Sie dieses Methodenspektrum wählen, sollten Sie über ausgeprägte soziale und kommunikative Kompetenzen verfügen. Das qualitative Forschungssetting ist vielseitig. Passen Sie die von Ihnen gewählten Strategien und das Setting der Persönlichkeit der Erhebungsperson (das sind in aller Regel bei einem Dissertationsprojekt Sie selbst) an.

Es gilt also zu klären, welche Person/en die Untersuchung durchführen soll/en: Es empfiehlt sich nicht, z. B. für eine Jugendstudie nur sehr viel ältere oder eher konservative Erhebungspersonen einzusetzen. Wenn Sie selbst die Untersuchung durchführen, bringen Sie Ihre Person mit ein: Überlegen Sie, wo Ihre Stärken und Schwächen liegen, und arbeiten Sie konstruktiv damit! Wenn Sie planen, im eigenen Arbeitsumfeld eine qualitative Studie durchzuführen, beachten Sie die Grenzen Ihrer Möglichkeiten. Es empfiehlt sich aus unserer Sicht nicht, über die Qualität des Managements zu forschen, dem Sie selbst angehören.

Die Nähe zu den menschlichen Untersuchungsobjekten bringt nicht nur die Vorteile einer spannenden und intensiven Forschungsarbeit mit sich, sondern oft auch das Problem, sich immer wieder Distanz zu verschaffen, was für viele ForscherInnen zum Stolperstein wird. Bleiben Sie professionell, auch wenn Ihnen Ihr Thema und die Menschen, die Sie in diesem Zusammenhang treffen, sehr nahe gehen.

Gerade wenn Sie eine qualitative Forschungsmethode wählen, ist es wichtig, bereits bei dem Entwurf Ihres Forschungssettings eine ganze Reihe von Fachpersonen mit einzubeziehen. Viele Probleme können in diesem Bereich nur mit entsprechender Erfahrung umschifft werden. Achten Sie deshalb darauf, ausreichend erfahrene ForscherInnen über Ihr geplantes Vorgehen zu informieren und sich Ratschläge zu holen.

Egal, ob Sie Beobachtungen und/oder mehr oder minder strukturierte Interviews durchführen – Sie selbst müssen für die Dokumentation Ihres Materials sorgen und es bei Bedarf einsichtig machen. In allen empirischen Studien – und das sind alle wissenschaftlichen Erhebungen – müssen Sie den Nachweis der Gültigkeit und der Zuverlässigkeit führen können. Bei den qualitativen Erhebungen können Sie auf Grund der geringen Fallzahlen zwar keine repräsentative Analyse vorlegen. Sie haben aber den Vorteil, daß Sie bei der Interpretation Ihres Materials wesentlich mehr in die Tiefe gehen können.

Es hat sich in großen Forschungsprojekten bewährt, auf eine quantitative Analyse eine qualitative folgen zu lassen. In Ihre eigene qualitative Forschungsarbeit, die vom Umfang her begrenzt ist, sollten Sie zumindest alle quantitativen Untersuchungen, die für Ihr Thema wichtig sind, mit einbeziehen.

! Qualitative Arbeiten sind zeitaufwendig. Achten Sie darauf, daß Sie in Ihrem Zeitplan genügend Zeitpuffer eintragen.

4.1.1.3 Quantitative Arbeit

Wenn hier von quantitativen Arbeiten die Rede ist, meinen wir keine einfachen statistischen Auswertungen, die mit Hilfe eines Taschenrechners zu leisten sind. Im strengen Sinne zählen diese zwar auch dazu, aber heute stellt man sich unter einer quantitativen Forschungsarbeit eher größere Untersuchungen vor. Der Vorteil einer quantitativen Analyse ist, daß sie eine große Reichweite erzielt. Der Nachteil besteht in der geringen Tiefenschärfe der notwendigerweise extrem standardisierten Ergebnisse. Idealerweise werden quantitative Methoden bei der sogenannten „Sonntagsfrage" eingesetzt, wenn es zum Beispiel darum geht, was eine große Menge von Befragten wählen würde, wenn am nächsten Sonntag Bundestagswahlen stattfänden.

Wenn Sie eine quantitative Forschungsarbeit planen, arbeiten Sie also in jedem Fall mit einer großen Anzahl von Forschungseinheiten. Sie haben im Regelfall eine riesige Datenmenge zu verwalten, die nur noch mit Hilfe von entsprechend ausgestatteten Softwareprogrammen oder sogar über Großrechneranlagen zu bearbeiten ist. Sie sollten nicht nur über die in Ihrem Fachbereich bevorzugte Software verfügen, sondern auch mit ihrer Anwendung vertraut sein. Eine der zeitaufwendigsten Arbeiten wird im Falle der Wahl dieser Forschungsmethode die Eingabe der Daten sein, die Sie erhoben haben. Hier können Sie sich Unterstützung holen. Achten Sie darauf, daß die Eingabe der Daten immer zu zweit vorgenommen wird, da die Fehlerquote bei der Eingabe durch nur eine Person sehr hoch ist.

In den Sozialwissenschaften, aber auch in anderen Fachbereichen, werden häufig sogenannte multivariante Analysemethoden angewandt, mit Hilfe derer relativ differenzierte Analysen erstellt werden können. Orientieren Sie sich an dem computergestützten Auswertungsprogramm, mit dem an Ihrem Institut gearbeitet wird. Achten Sie aber darauf, daß Sie einen Rechner mit hohen Kapazitäten benötigen.

Wenn Sie sich für eine quantitative Arbeit entscheiden, sollten Sie über das entsprechende statistische Know-how verfügen, da Sie in jedem anderen Fall bei der Auswertung große Probleme bekommen werden. Als Minimalvoraussetzung sollten Sie gerne mit Zahlen operieren. Wenn Sie sich erst einarbeiten müssen, sollten Sie für die Vorbereitung in jedem Fall einen Zeitraum von einem halben Jahr veran-

schlagen bzw. einen Kurs besuchen und diese Vorbereitungsphase in Ihren Zeitplan eintragen.
Bedenken Sie, daß die quantitative Analyse eines Themas bestimmte Voraussetzungen erfüllen muß und die Interpretation eine begrenzte Reichweite hat: Sie müssen eindeutige Daten vorliegen haben und können nur Aussagen über Zusammenhänge verschiedener Faktoren machen, die dann in Ihrem Interpretationsspielraum verbleiben. Sie müssen genauso wie bei einer qualitativen Erhebung den Nachweis der Gültigkeit, Zuverlässigkeit und – in diesem Fall – auch den der Repräsentativität einlösen. Die Aufgabe der Dissertation ist es, die erhobenen Daten zu dokumentieren und in aller Regel mit Hilfe von Tabellen und Graphiken darzustellen.

4.1.1.4 Experimentelle Arbeit

Experimentelle Arbeiten werden vorrangig in den technischen, medizinischen und naturwissenschaftlichen Fächern durchgeführt, finden aber auch in allen anderen Fächern ihre Anwendungsfelder. Hier arbeiten Sie in aller Regel unter geschützten Bedingungen und haben sich auf das, was Sie untersuchen wollen, mit Hilfe eines Versuchsaufbaus vorbereitet.
Die Erhebungsbedingungen sind die einer außerordentlichen Situation. Experimente passieren nicht im Leben oder in der Natur, sondern „im Labor". Die Versuche sollen sich potentiell durchaus in die Praxis übertragen lassen, Sie arbeiten aber der besseren Erkenntnisbedingungen wegen unter sogenannten idealen Grundkonstellationen. Dafür eignen sich Orte, an denen die Basisbedingungen möglichst konstant gehalten und zufällige Ereignisse ausgespart werden können. Grundsätzlich sind Experimente natürlich auch im laufenden Geschehen möglich, sie werden allerdings in der Forschung aus oben genannten Gründen nur selten so durchgeführt.
Je nach Vorhaben brauchen Sie also einen oder mehrere Räume, ein Konzept, die Beschreibung Ihres Experiments sowie die Geräte und/oder die Personen, die zur Durchführung notwendig sind.

Experimentelle Versuchsanordnungen sind sehr komplex und deshalb fragile Forschungsinstrumente. Ihre Ergebnisse sind – trotz aller Vorkehrungen – auch für erfahrene WissenschaftlerInnen nicht vorhersehbar. Aus diesem Grund ist es besonders wichtig, gerade in dieser Phase kontinuierlichen Kontakt mit der Betreuungsperson zu pflegen und über die Entwicklungen der einzelnen Laborversuche Bericht zu erstatten. Weisen Sie bereits frühzeitig auf unerwartete Ereignisse mit allem Nachdruck hin, und erbitten Sie Hilfestellung. Sie müssen ein Dokumentationssystem Ihrer erhobenen Daten entwickeln, welches die Gültigkeit und Zuverlässigkeit Ihres Experiments belegt. Dies ist auch und gerade für den Fall des Mißlingens notwendig.

4.2 Auswertungsphase

Die Daten, die Sie mit welcher Erhebungsmethode auch immer gewonnen haben, müssen Sie schließlich auswerten. Diese Auswertungsschemata sind mehr oder minder vorgegeben. In jedem Fall müssen Sie Ihr Auswertungsschema belegen und im Methodenteil Ihrer Dissertation darstellen.

4.2.1 Auswertungsschema erstellen

Letztlich geht es bei der Erstellung eines Auswertungsschemas darum, wie Sie mit den nunmehr gewonnenen und dokumentierten Daten umgehen wollen. Das heißt, Sie sortieren Ihre Daten nach einem für Sie und andere nachvollziehbar sinnvollen Modus. Selbstverständlich gibt es bereits vorgegebene Auswertungsschemata, aber Sie müssen sich aus der vorliegenden Fülle das für Sie angemessene heraussuchen und es nötigenfalls variieren. Im Falle einer statistischen Auswertung können Sie Mittelwerte errechnen, Abweichungen von der Norm ermitteln oder bestimmte Gruppen bilden, die mögliche, von Ihnen definierte Gemeinsamkeiten besitzen.

Wir empfehlen an dieser Stelle erneut, daß Sie sich Ihre Fragestellung, Ihre Hypothesen und Ihre inhaltliche Zielrichtung und deren innere Logik genau vor Augen führen und auf dieser Basis eine Systematik entwickeln, die Ihre Datensammlung optimal belegen kann. Das heißt, Sie können nur belegen, was Sie auch erhoben haben. Deshalb ist es auch so wichtig, daß Sie für die Vorbereitung Ihrer Erhebung viel Zeit einplanen und sich mit Ihrer Betreuungsperson entsprechend ausführlich darüber unterhalten. Wenn es möglich ist, sollten sogenannte Pretests, also vorausgehende Auswertungen durchgeführt werden, damit Sie rechtzeitig merken, was Sie möglicherweise vergessen haben. Denn wenn Sie erst beim endgültigen Auswerten bemerken, was fehlt, ist es zu spät, um nachzuerheben. Sie können dann nur mit den Informationen arbeiten, die Ihnen vorliegen.

! Besprechen Sie frühzeitig das von Ihnen ins Auge gefaßte Auswertungsmodell, lassen Sie sich beraten, und bitten Sie um Hilfe. Fragen Sie rechtzeitig – bereits vor der Erhebung – nach der an Ihrem Lehrstuhl empfohlenen Methodenliteratur, die Sie berücksichtigen sollten.

4.2.2 Auswerten

Das Auswerten ist je nach gewählter Methode ein sehr zeit- und energieaufwendiger Prozeß. Bevor nämlich Ihre Hypothesen zu endgültigen Thesen werden, werden Sie feststellen, daß Sie Ihre Zwischenannahmen ständig verwerfen und an den Anfang Ihrer Überlegungen zurückkehren müssen. Es gibt erfahrungsgemäß immer den einen sperrigen Fall, den Sie endlos bearbeiten müssen, bevor Sie eine schlüssige These haben, die Sie auch vor anderen vertreten können.
Strukturell ähnliche Probleme treten bei hermeneutischen (deutenden, auslegenden), interpretativen Verfahren auf, die vorrangig in der Arbeit mit Texten angewendet werden. Ob Text- oder Interviewinterpretation, Sie müssen Ihre Texte nahezu auswendig kennen. Es gehört zum Auswertungsprozeß dazu, daß Sie wie „schwanger" mit Thesenbildungen gehen. Als Hilfsmittel könnten Sie die Texte im Anschluß

an die Grobstrukturierung nach Kategorien auf ein großes Stück Packpapier pinnen und dieses an einer zentralen Stelle in Ihrem Arbeitszimmer anbringen. Ihrer Kreativität sind keine Grenzen gesetzt, sie ist sogar notwendig, damit Sie sich in Ihrer Auslegungsarbeit kontinuierlich weiter motivieren. Sie arbeiten aber nicht ohne Netz und doppelten Boden: Ihre Stützen sind Methodologie und Theorie.

Bei den quantifizierenden Verfahren ist nach der Dateneingabe bei entsprechend guter Kenntnis der EDV die Problemlage geringer, weil die Technik Ihnen einen großen Teil der Arbeit abnimmt. Liegen dann die Produkte Ihrer Bemühungen in Tabellen- und Graphikform vor, können Sie Ihre Ergebnisse zusammenfassen und entscheiden, welche Aussagen welche Rückschlüsse auf Ihre Fragestellung zulassen. Letztendlich müssen Sie aber auch in diesem Fall die Interpretation der Ergebnisse vornehmen und dafür Zeit einplanen.

Allgemein gilt: Die Forschungsphase nimmt in aller Regel ein Drittel der Arbeitszeit an Ihrer Dissertation ein und neigt auf Grund ihrer Intensität dazu, Sie geradezu auszulaugen. Planen Sie genug Zeit- und Regenerationspuffer ein. Disziplinieren Sie sich, und suchen Sie sich Unterstützung und Menschen, mit denen Sie über Ihre Schwierigkeiten sprechen können. Scheuen Sie sich nicht, Ihre Betreuungsperson mit Ihren Problemen im Erhebungsprozeß zu konfrontieren.

4.3 Arbeits- und Zeitplan überprüfen

Wie bereits mehrfach angesprochen, ist die Forschungsphase in der Praxis mit einer zeitlichen Dunkelziffer belegt. Das heißt für Sie, daß Sie während und nach der Forschungsphase Ihren Arbeits- und Zeitplan überprüfen bzw. angleichen müssen. Sie haben hoffentlich nicht vergessen, sich gerade für diese schlecht berechenbare Zeit eine Pufferphase einzutragen. Wenn Sie das gemacht haben, liegen Sie wahrscheinlich immer noch im Zeitplan. Wenn nicht, bedeutet es, daß Sie Ihren Zeitplan verändern müssen. Wenn Sie den Abgabetermin Ihrer

Dissertation einhalten wollen, dann müssen Sie nunmehr an anderer Stelle Zeit einsparen; wenn nicht, wird sich die Abgabe verzögern.
Es ist nicht schlimm, wenn Projektpläne kippen. Profis planen das bereits von vorneherein ein. Sie sollten nur weiterhin an einem realistischen Plan arbeiten, um nicht das gesamte Projekt zu gefährden.
Wenn Sie noch keine Erfahrung in der Forschung haben, werden Sie höchst erstaunt sein, was alles gerade in dieser Phase schiefgehen kann. Wir können an dieser Stelle nur einige Beispiele geben, denn eine vollständige Liste würde mehrere Bücher füllen, abgesehen davon, daß täglich und stündlich neue kleinere und größere Katastrophen hinzukommen.

Es kann etwa folgendes geschehen:

- Sie haben einen Interviewtermin ausgemacht, kommen pünktlich zum verabredeten Ort, aber Ihre Interviewperson ist nicht da. Gerade, wenn Sie mit Personengruppen arbeiten, die nicht in Terminsystemen denken, sollten Sie also einen Tag vor dem Interviewtermin eine telefonische Bestätigung einholen. Wenn Sie sicher gehen wollen, dann gewöhnen Sie sich ein solches Verfahren in jedem Fall an. Es gibt nichts Unangenehmeres, als vorbereitet und innerlich eingestimmt zu einem solchen Termin zu gehen und dann unverrichteter Dinge nach Hause zu fahren. Oft haben Sie eine nicht unbeträchtliche Wegstrecke hinter sich gebracht und verzeichnen am Ende des Tages nur Verluste.

- Sie haben ein sehr gutes Interview geführt und sind erschöpft, aber glücklich – da stellen Sie bei dem ersten Versuch, es abzuhören, fest, daß es aus irgendeinem Grund nicht aufgezeichnet wurde. Überprüfen Sie vor Beginn des Gesprächs und stichprobenweise zwischendurch die Aufnahme. Sie sollten neben dem Netzgerät auch immer ungebrauchte Batterien dabei haben. Nehmen Sie stets ausreichend viele Kassetten mit, überprüfen Sie vor der Aufnahme deren Funktionsfähigkeit, und beschriften Sie die Kassetten hinterher sofort.

- Der Computer gibt während der Auswertung seinen Geist auf. Vielleicht geht ja auch bei der Erstellung der Auswertungsbefehle noch alles gut, Sie müssen aber im Rechenzentrum vor Ort feststellen, daß Ihre Ausdrucke weg sind. Auch Sie haben sicher bereits erfahren müssen, daß Ihr Computer ein Eigenleben führt, dessen Regeln Sie nicht immer durchblicken. Selbst Computercracks können verschiedene Phänomene nicht begründen und stehen häufig vollkommen verdutzt vor ihrem Gerät. Planen Sie, gerade wenn Sie eine computergestützte Auswertung vornehmen wollen, Pannen ein. Nichts ist unmöglich!

Kurzum: *Planen Sie gerade in dieser Phase genügend Zeitpufferzonen ein.*

4.3.1 Vor- und Nachteile interner PromovendInnen

Als intern Promovierende/r haben Sie sicherlich den Vorteil, daß Sie öfter nach dem Verlauf Ihrer Forschungen gefragt werden und auch selbst MitarbeiterInnen ansprechen können. Unter Umständen können Sie sich auch aktive Unterstützung für die Entwicklung Ihres Forschungs- und Auswertungskonzeptes holen.

Das gilt vorrangig für diejenigen, die eine volle Stelle am Lehrstuhl haben, denn in aller Regel profitiert auch der Fachbereich von Ihrer Forschungsarbeit. In verschiedenen Krisensituationen wird Ihnen die ständige Erinnerung manchmal auf die Nerven gehen, aber der kontinuierliche Fortgang ist dadurch sicherlich begünstigt.

Auch für die anderen Internen gilt, daß Sie häufiger an die laufenden Forschungsarbeiten erinnert werden. Nutzen Sie das als Chance, Probleme zu thematisieren und sich Anregungen von anderen zu holen. Es ist immer wieder zu beobachten, daß solche Möglichkeiten des internen Austausches nicht ausreichend genutzt werden. Ihre privilegierte Situation im Vergleich zu externen Promovierenden sollte Ihnen deutlich vor Augen sein. Nutzen Sie Ihre Standortvorteile, und bauen Sie sie systematisch aus!

Nachteile können hingegen aus der Tatsache erwachsen, daß Sie auf Grund anderer Arbeitsaufträge nicht intensiv genug an Ihrer Forschungsaufgabe bleiben können. Bedenken Sie: Vor allem, wenn Sie auf einer Qualifizierungsstelle sitzen, läuft für die Erstellung Ihrer Dissertation ein anderer, bereits vorgegebener Zeitplan mit. Sie müssen besonders peinlich genau darauf achten, daß Sie diesen auch einhalten. Machen Sie sich klar, daß ein Teil Ihrer Stelle faktisch für Ihre Dissertation gedacht ist, und erinnern Sie gegebenenfalls Ihre Umgebung an diese Tatsache. Achten Sie allerdings auf die Form, in der Sie dies thematisieren.

Überprüfen Sie auch, ob Sie nicht vielleicht durch die Erledigung anderer Aufträge eigene Vermeidungsstrategien verdecken wollen, und beachten Sie in diesem Fall die Hinweise in Kap. 2.5.1.

4.3.2 Vor- und Nachteile externer PromovendInnen

Auch für Sie als Externe/r ist es besonders wichtig, während der Forschungsphase auf die Einhaltung Ihres Zeitplanes zu achten, wohl wissend, daß dieser realistischerweise Zeitfresserphasen enthält. Gerade wenn Sie berufstätig sind und immer viel Bedenkenswertes im Kopf mit sich herumschleppen, werden Sie es in dieser zeit- und gedankenaufwendigen Phase schwer haben. Versuchen Sie, sich bereits in der Planung darauf einzustellen, und wählen Sie für Ihren Forschungsteil eine wenig anstrengende Arbeitsphase, oder reduzieren Sie Arbeitszeit. Üben Sie sich in der Kunst des Delegierens.

Für Sie ist es unter Umständen nicht so wichtig, ob Sie in einem halben oder einem ganzen Jahr abgeben, weil Sie nicht finanziell von dem Doktortitel abhängig sind. Überprüfen Sie Ihren Zeitplan deshalb besonders aufmerksam: Sie sollten sich nicht vollkommen überlasten, aber Sie sollten auch an Ihrem Dissertationsprojekt dran bleiben. Vermeiden Sie „kurze Ausstiegsphasen"! Nicht selten können sie das Ende Ihres Projektes darstellen.

[5]
[6] Wenn Sie Familie haben und sich hauptberuflich um den Haushalt kümmern, dann unterliegen auch Sie ähnlichen Problemlagen wie die oben beschriebenen Berufstätigen, denn wie wir wissen, ist der Haushalt ein durchaus tagesfüllendes Geschäft. Wenn Ihre Kinder bereits einigermaßen selbständig sind, lassen Sie sich entlasten, und besprechen Sie Ihre Probleme bei der Erhebung und Auswertung auch mit ihnen. Halten Sie auch Ihre Familie an, Sie bei der Umsetzung Ihres Arbeits- und Zeitplanes zu unterstützen, und binden Sie sie in die Verantwortung mit ein.

Bedenken auch Sie: Sie sind mit der Abgabe Ihrer Dissertation zwar nicht an ein bestimmtes Datum gebunden, sollten sich aber auch nicht zu weit von Ihrem Plan entfernen. Das Nichteinhalten von Plänen bedeutet nicht nur eine Umstrukturierung, sondern auch Gefühle der Enttäuschung, die sich im Falle der Häufung nicht selten sehr ungünstig auf Ihre Motivation auswirken und somit eine Gefahr für die Realisierung Ihres Dissertationsprojektes bedeuten.

[9]
[10]
[11] Auch wenn Sie zu den privilegierten Gruppen gehören, die Zeit haben und ihre Dissertation relativ problemlos finanzieren können, sollten Sie die Gefahren, die auf Sie lauern, nicht unterschätzen: Gerade in der Forschungsphase brauchen Sie den Austausch mit anderen Menschen. Wenn dieser nicht vorhanden ist, kann sich Ihr Projekt enorm verzögern, weil die notwendige Interaktion mit anderen ein maßgeblicher Katalysator gerade in dieser Forschungsphase ist.

Bedenken auch Sie: Schreiben Sie unter Umständen Ihren Zeitplan an dieser Stelle erneut um, aber bemühen Sie sich, innerhalb des geänderten Plans zu bleiben. Sorgen Sie für den nötigen Austausch mit anderen. Bitten Sie Ihre Betreuungsperson um Hilfe, und fragen Sie nach möglichen flankierenden Maßnahmen für diese Phase Ihrer Promotion.

5 Erstellungsphase

Die Erstellungsphase ist nicht nur ein besonders wichtiger Teil Ihrer Arbeit, sondern auch ein besonders angstbesetzter.

! Nur eine geschriebene Dissertation ist ein gute Dissertation! In Ihrem Kopf nützen Ihre Erkenntnisse wenig. Die Ergebnisse Ihrer wissenschaftlichen Forschung erhalten erst dann Bedeutung, wenn sie in einen Text münden und beurteilt werden können.

Die meisten PromovendInnen schieben den Moment des Schreibens so lange wie möglich hinaus – manche zu lange. Die Angst vor dem leeren Blatt oder die Furcht davor, doch letztlich nicht gut genug zu sein, läßt viele an diesem Punkt scheitern. Wir raten Ihnen: Haben Sie Mut und beweisen Sie Umsicht! Beginnen Sie frühzeitig mit dem Schreiben! Schritt für Schritt werden Sie auch diese Phase meistern.
Je weniger Erfahrung Sie mit dem Schreiben haben, desto früher sollten Sie damit beginnen, Teile Ihrer Überlegungen auszuformulieren. Viele PromovendInnen fallen aus allen Wolken, wenn sie erkennen müssen, daß ihnen die fehlende Schreibpraxis den Zeitplan völlig durcheinanderbringt. Machen Sie nicht den Fehler, sich zu überschätzen.

! Planen Sie reichlich Zeit zum Schreiben, Korrigieren und Überarbeiten ein.

Während es in früheren Zeiten üblich und nötig war, zuerst ein Zettelmanuskript, dann einen Manuskriptentwurf und anschließend das Endmanuskript zu verfassen, lassen sich diese Arbeitsschritte beim Schreiben mit dem Computer nicht mehr so klar unterscheiden. Es ist jedoch anzunehmen, daß Sie auch hier mehrere Versionen Ihres Textes erstellen. Sie sollten allerdings von Anfang an auf exakte Zitier- und Belegweise achten, dann sparen Sie sich viel Arbeit bei der Fertigstellung des Manuskripts.

5.1 Material eingrenzen

Ein Grund für den Zweifel am eigenen Gelingen kann sein, daß Sie momentan die Fülle Ihres erarbeiteten Materials einfach erschlägt. Deshalb ist es jetzt wichtig, die Ergebnisse Ihrer bisherigen Arbeit einzugrenzen, um sie dann in die Struktur Ihrer Dissertation überführen zu können. Der Eingrenzungsprozeß besteht im großen und ganzen aus drei Schritten: Das Auswertungsmaterial muß gesichtet, geprüft und ausgewählt werden.

Es gilt also, alle Ergebnisse noch einmal durchzugehen und zu überprüfen, im Rahmen welcher Argumentationsschritte sie gebraucht werden. Das heißt, Ihr Material wandert von einem Ordnungssystem in ein anderes. Ob in Akten- oder Pultordnern, in Kisten, auf Stapeln oder in Dateien Ihres Textverarbeitungssystems – in jedem Fall sollten Sie zu sichtendes und ausgewertetes Material streng trennen und wiederum getrennt von Ihren Manuskriptentwürfen ablegen. Sie haben also verschiedene Ablagesysteme zu verwalten, die aus eventuell miteinander lose verknüpften Einzelteilen bestehen (Kopien, Ausdrucke, Karteikarten, Dateien usw.). Hier gilt es, die Übersicht zu wahren und rechtzeitig Verweise einzubauen, die von einem System auf das andere und von einem Systemteil auf ein anderes verweisen. Diese Verknüpfungspraxis sollten Sie ständig pflegen und bei Bedarf immer wieder erneuern und verändern, dabei aber nie die Gliederung außer acht lassen.

5.2 Gliederung

Die Gliederung ist nichts anderes als die Strukturierung Ihrer Gedanken bei der logischen Verfolgung Ihres Zieles: Sie suchen nach einer Antwort auf die von Ihnen gewählte Forschungsfrage. Ihr Arbeitstitel sollte aus diesem Grund gut sichtbar in Ihrem Arbeitszimmer über der Grobgliederung hängen. Sie sollten immer wieder zum Arbeitstitel zurückkehren und sich an ihm orientieren. Überprüfen Sie, ob er in dieser Form noch den Kern Ihres Anliegens trifft. Bei Bedarf ist er zu ändern. Dies kann zu diesem fortgeschrittenen Zeitpunkt jedoch nur eine nuancierte Angelegenheit sein.

Sehen Sie die bestehende Grobgliederung (siehe Kap. 3.4.3) durch, bevor Sie eine Feingliederung entwerfen. Macht sie nach dem jetzigen Stand Ihrer Auswertung noch Sinn, oder zeichnet sich ab, daß eine Änderung günstiger wäre? Eventuell können Sie ein Argument stärken, wenn Sie es an einer anderen Stelle einbauen. Vielleicht wird bereits deutlich, daß ein Kapitel fehlt, ein anderes überflüssig ist? Dann verändern Sie die ursprüngliche Aufteilung der Kapitel, schreiben Sie sie eventuell noch einmal ganz neu. Vergessen Sie nicht, analog zu den Veränderungen, die Sie an Ihrer Gliederung vornehmen, auch Ihr Ablagesystem zu aktualisieren (siehe auch Kap. 3.2.2).

Jetzt ist es an der Zeit, mit Hilfe der Forschungsergebnisse die Gliederung zu verfeinern und einzelne Argumentationsschritte in die bisherige Grobrasterung einzufügen. Die Grobgliederung diente dem Projektentwurf etwa im Rahmen eines Exposés oder Stipendienantrages, also der Vorstellung von Thema und Argumentationsschritten; sie umriß den geplanten Aufbau der Dissertation in Form von Einzelkapiteln. Die Feingliederung hingegen stellt das Gerüst für das Manuskript dar. Das Schreiben selbst wird Ihnen um so leichter fallen, je genauer Ihre einzelnen Gliederungsschritte vorgezeichnet und ausgearbeitet sind und je enger Sie sich daran halten können. Von der Gliederung hängen auch Ihr Zeit-, Arbeits- und Projektplan ab.

Manche Menschen kommen am einfachsten zu einer Feingliederung, wenn sie die großen Gliederungspunkte schriftlich unter Zuhilfenahme der Forschungsergebnisse kommentieren und die Teile in einem ausformulierten Text logisch miteinander verbinden. Andere tragen ihre Kapitelübersicht sich oder anderen am besten mündlich laut vor. Es kann nützlich sein, sie einem fachfremden und nicht-universitären Gegenüber erklären zu müssen. Wieder andere PromovendInnen finden es besonders hilfreich, sich mit der detaillierten Gliederung einem universitären Publikum zu stellen. In jedem Fall raten wir, sich schon frühzeitig mit Interessierten über dieses Stadium des eigenen Projektes auseinanderzusetzen, bevor Sie mit dem Schreiben beginnen. Vielleicht können Sie sich dazu nicht durchringen – bedenken Sie aber, daß Sie damit eine wichtige Kontrollmöglichkeit verschenken.

5.3 Hypothesen überprüfen

Auch Ihre Hypothesen bedürfen der ständigen Überprüfung. Während der Forschungsphase haben Sie Ihre Hypothesen ausgetestet. Sind sie jetzt noch zu halten? Müssen Sie Ihre Ausgangshypothesen verändern? Dann tun Sie das. Verändern und verfeinern Sie, wenn nötig, die Hypothesen gemeinsam mit der Gliederung, so daß die neuen Hypothesen sich in sinnvollen Schritten in Thesen überführen lassen. Manchmal deutet ein Stocken in der Gliederung bzw. in der Argumentationsführung auf eine schwache oder nicht haltbare Hypothese hin. Umgekehrt hilft es oft, die Abfolge von Argumenten durch eine neue Gliederung zu verändern, um so eine Hypothese zu stärken. Auch Ihre Hypothesen sollten Sie noch einmal anderen vorstellen, bevor Sie Ihre Thesen schriftlich ausarbeiten.

5.4 Das erste Kapitel

Das erste Kapitel ist das schwerste. Schließlich haben Sie noch keine Routine, und das gesamte Schreiben liegt noch vor Ihnen. Es gibt tausend Gründe, den ersten Satz hinauszuzögern – dabei macht Ihnen jeder Aufschub den Anfang nur immer noch schwerer. Je früher Sie damit beginnen, Ihre Gedanken zu Papier zu bringen, je eher Sie die Entwicklung Ihrer wissenschaftlichen Arbeit schriftlich festhalten, um so unverfänglicher und harmloser erscheint Ihnen das Schreiben. Sie können schon mal was vorweisen und haben immer noch Zeit, Änderungen vorzunehmen.

! Bereits ganz am Anfang Ihrer Arbeit gilt: Nur was Sie schriftlich vorliegen haben, haben Sie wirklich. Das Formulieren zwingt Sie dazu, Ihre Folgerungen logisch zu verknüpfen und hilft, Lücken in Ihrer Argumentation aufzudecken. Und je früher Sie die Schwachstellen Ihrer Konzeption entdecken, desto mehr Zeit haben Sie, um an ihnen weiter zu arbeiten.

5.4.1 Formulierungshürden überwinden

Für manche ist der erste Satz der allerschwerste. Sie sollten zu Anfang einfach drauflosschreiben. Sie müssen nicht mit dem ersten Kapitel beginnen, für manche Arbeiten erweist es sich gar nicht als produktiv, mit den einleitenden Abschnitten einzusetzen, zumal, wenn Sie noch keinen Überblick über abschließende Resultate Ihrer Nachforschungen haben; andererseits erfordert der erste Teil Ihrer Schrift meist mehrere gründliche, oft sogar grundlegende Überarbeitungsphasen, so daß es durchaus Sinn macht, diesen Teil frühzeitig zu schreiben. Es spricht allerdings auch einiges dafür, mit dem Abschnitt anzufangen, der am wenigsten angstbesetzt ist. In jedem Fall sollten Sie bedenken, daß die ersten Sätze nicht endgültig sein müssen.
Auch wer von Anfang an ein Kapitel nach dem anderen abarbeiten möchte, sollte sich nicht an Formulierungen festbeißen und darauf vertrauen, daß Änderungen jederzeit möglich sind. Gehen Sie immer wieder zurück, und überprüfen Sie Ihre Argumentationslinie.
Gewöhnen Sie sich frühzeitig daran, Ihren Text einer Ihnen wohlgesonnenen Person zum Lesen zu geben. So bauen Sie bereits jetzt Hemmungen ab, die sonst später, aus Furcht vor der Kritik wichtiger Leute wie der Betreuungsperson, vielleicht rabiat würden. Oft führt die Angst vor dem Versagen zur Schreibblockade. Für viele ist es deshalb gut, ihren Text schon in einem frühen Stadium von anderen lesen zu lassen, da sich zum einen manche Befürchtungen als unnötig erweisen und zum anderen Qualitätsmängel rechtzeitig behoben werden können.

Geben Sie aber keine absolut chaotischen Texte weiter, achten Sie auf ordentliche Rechtschreibung und Form, denn sonst vergraulen Sie schnell auch einsatzfreudige Helferinnen und Helfer. Wählen Sie Ihre HelferInnen vorsichtig aus, vor allem wenn Sie sensible Daten und Informationen erhoben haben (siehe Kap. 5.9.1).

Richten Sie sich zum Schreiben angenehm ein. Sie sollten sich ungestört fühlen und Ihre Arbeit liegen lassen können. Ein ergonomisch optimal ausgestatteter Arbeitsplatz bietet die besten Voraussetzungen zum Wohlfühlen: Am Schreibtischstuhl sollten Sie ebensowenig sparen wie am Bildschirm; eine Fußstütze, ein Ihnen angenehmes Keyboard, ein Manuskripthalter für das bequeme Lesen von Texten beim Schreiben – all das hilft Ihnen dabei, immer wieder an Ihren Schreibtisch zurückzukehren. Legen Sie regelmäßige Pausen ein, machen Sie Übungen zur Entspannung des Rückens. Lassen Sie sich nicht ablenken, schalten Sie den Anrufbeantworter ein, und seien Sie für AnruferInnen oder BesucherInnen nur zu festgelegten Zeiten erreichbar.

Ihre Arbeitsumgebung sollte immer frei von Unnötigem und von Ballast, also möglichst aufgeräumt sein. Unordnung auf dem Schreibtisch zeugt nicht von Genialität, sondern oft von wirren Gedanken. Deshalb merken Sie sich:

- Richten Sie ein Ablagesystem ein, und nutzen Sie es.

- Machen Sie es sich zur Gewohnheit, zumindest am Ende eines jeden Arbeitstages Ihren Arbeitsplatz in Ordnung zu bringen, so daß Sie das nächste Mal gleich mit dem Schreiben beginnen können.

- Sie sollten nie aufhören, ohne sich Gedanken über den nächsten Arbeitsschritt gemacht zu haben. Notieren Sie sich deshalb unter Zuhilfenahme Ihres Arbeits- und Zeitplanes zum Abschluß immer, welche Aufgaben Sie am nächsten Tag erledigen müssen.

- Legen Sie sich bereits das Material für den kommenden Tag bereit, und entwickeln Sie bereits am Vorabend einen Anschlußgedanken zum Weiterschreiben.

! Es ist jeden Tag eine neue Herausforderung, sich den Weg zum Schreibtisch zu bahnen. Überlegen Sie sich Selbstüberlistungsstrategien, die auf Ihre Person zugeschnitten sind.

Wie wäre es mit folgenden Anregungen:

- Sie dürfen morgens zuerst Ihre Mailbox öffnen und Ihre Post erledigen. So sitzen Sie bereits am Schreibtisch und können sich nach einer vorher festgelegten Zeit mit der Arbeit an Ihrer Dissertation beschäftigen.
- Beginnen Sie Ihren Arbeitstag niedrigschwellig. Widmen Sie sich vielleicht zuerst Routineaufgaben oder kleineren Layoutüberlegungen.
- Wählen Sie bereits zum Lesen der als nächstes zu bearbeitenden Literatur den Platz am Schreibtisch, so daß Sie spontane Einfälle sofort aufschreiben können. Damit sind Sie bereits mitten in Ihrer Dissertation.
- Machen Sie es sich zur Routine, den Computer zu einer bestimmten Zeit einzuschalten, und denken Sie an die Stromkosten. Vielleicht sind Sie der Typ Mensch, den ökologische Beweggründe an den Schreibtisch zwingen.

So können Sie jeden Schreibabschnitt gezielt angehen. Verschiedene Taktiken können Ihnen helfen, wenn Sie beim Formulieren festsitzen:

1. Sie müssen sich darüber im klaren sein, daß Perioden der aktiven und oft quälenden Auseinandersetzung mit einer Frage durchaus normal sind. Ein Schreibtief kann damit zu tun haben, daß Sie Ihr Argument noch nicht völlig im Griff haben.

2. In diesem Fall sollten Sie Geduld haben und Ihre Argumentation versuchsweise immer wieder durchgehen, sie sich selbst oder einer anderen Person vielleicht sogar laut vortragen und Ihre Probleme in Worte fassen. Es kann durchaus sein, daß Ihre Schwierigkeiten beim Formulieren darauf zurückzuführen sind, daß Ihre Argumen-

tationsabfolge nicht schlüssig ist, daß Sie einen gedanklichen Schritt übersprungen haben, Ihnen eine wichtige Information noch fehlt oder eine Hypothese in der Tat nicht haltbar ist. Unterschätzen Sie also eine Schreibblockade nicht, und suchen Sie immer auch nach Gründen, die mit dem Aufbau Ihrer Arbeit zu tun haben.

3. Haben Sie auch den Mut, an einer Stelle einfach nicht weiterzumachen. Oft ist es nicht förderlich, Formulierungen erzwingen zu wollen. Manche Probleme lösen sich, wenn man beim nächsten Absatz ist, ganz von selbst. Es kann auch helfen, eine besonders verzwickte Textstelle zu überschlafen.

4. Vielleicht befinden Sie sich gerade in einem Leistungstief. Dann sollten Sie allerdings nicht gleich alles hinwerfen, sondern lieber eine leichtere Tätigkeit in Angriff nehmen, etwa einfache Sortierarbeiten; Sie sollten bibliographieren, eine Information nachsehen oder an einer Tabelle zeichnen. Solche „handwerklichen", geistig weniger anspruchsvollen Beschäftigungen sollten Sie sich überhaupt immer dann vornehmen, wenn Sie sich besonders unausgeschlafen und schlapp fühlen, ein Tief in Ihrem Biorhythmus überwinden müssen (etwa nachmittags gegen 15 Uhr), emotional abgelenkt oder in Ihrem Berufsleben besonders gefordert sind. Versuchen Sie aber, auch in Krisenzeiten immer projektbezogene Tätigkeiten einzuplanen, also nicht etwa zu putzen, schlafen zu gehen oder ein Computerspiel zu spielen, denn solche Ablenkungen werden leicht zur Gewohnheit.

5. Wenn Sie mit einem Absatz gar nicht weiterkommen, sollten Sie ihn in möglichst überschaubare Argumentationsschritte zerlegen. Formulieren Sie jetzt ganz kurze, einfache Sätze, und verbinden Sie diese logisch miteinander. Diese Arbeitsweise wird Ihnen die Probleme deutlich machen.

6. Überhaupt sollten Sie darauf achten, ganz klare, präzise und einfache Sätze und überschaubare Absätze zu bilden. Erst wenn Sie

einen Gedankengang auf seine grundlegenden Bestandteile reduziert haben, haben Sie ihn wirklich durchdrungen und können ihn Ihrerseits eindeutig wiedergeben.

Eine These ist nur so gut wie ihre Formulierung!

7. Unendlich lange, unübersichtlich verschachtelte Sätze und Absätze sind – entgegen der vorherrschenden Meinung – nicht das Kennzeichen intelligenter Texte. Das Gegenteil ist oft der Fall. GutachterInnen wissen aus Erfahrung, daß sperrige, unübersichtliche, schwammige Formulierungen meist ein Hinweis auf unklare Gedankengänge sind. Beobachten Sie Ihre eigenen Schreibgewohnheiten auf solche Formulierungsblockaden hin, die Ihnen vielleicht ansonsten gar nicht bewußt werden. Sie wollen schließlich Ihr Können beweisen.

8. Viele Formulierungsschwächen können Sie selbst nicht erkennen, deuten oder korrigieren. Hier kann Ihnen die wohlgemeinte Kritik anderer Personen weiterhelfen. Erinnern Sie sich, wofür Sie in der Vergangenheit kritisiert wurden. Geben Sie Ihren Text jemandem zu lesen, dessen/deren Urteil Sie vertrauen.

9. Sitzen Sie bei einem speziellen Begriff fest, finden Sie keinen Ausdruck, mit dem Sie ein oft gebrauchtes Wort variieren können, wird Ihnen vorgeworfen, Ihre Formulierungen seien zu schwammig oder Ihre Texte wimmelten von Fremdwörtern? Schaffen Sie sich einen Thesaurus an, ein Wörterbuch, in dem Sie Begriffe nach Bedeutungsgruppen sortiert finden; so finden Sie Alternativen etwa zu „Blick", „viel" oder „machen". Eventuell ist eine Aufstellung von sinn- und sachverwandten Begriffen in Ihr Textprogramm integriert.

10. Zur Bewältigung anderer Schreibprobleme, etwa bei häufig auftretenden Stil- und Formulierungsfehlern oder zur Erklärung von Fremdwörtern, gibt es ebenfalls spezielle Fachbücher und Lexika, auch auf CD-ROM bzw. als Teil von Textprogrammen in der eigenen Sprache, aber auch in Fremdsprachen. Generell sollten Sie kei-

ne Wörter oder Formulierungen verwenden, derer Bedeutung Sie sich nicht völlig sicher sind.

Mit einem aufgeblasenen Text voller falsch plazierter Ausdrücke und Fremdwörter legen Sie Ihre eigenen Schwächen bloß!

11. Die Angst davor, den formalen Standards einer Dissertation nicht zu genügen, kann Sie vom Schreiben abhalten. Doch auch hier hilft nur Übung.

5.4.2 Formale Standards abklären

Sie sollten sich von Anfang an daran gewöhnen, die formalen Regeln einzuhalten, die an dem für Sie zuständigen Institut oder Ihrer Fakultät gelten. Eine inhaltlich anspruchsvolle wissenschaftliche Arbeit verliert an Gewicht, wenn sie formale Mängel aufweist. Erkundigen Sie sich deshalb frühzeitig danach, wie eine Dissertation in Ihrem Fach auszusehen hat.

5.5 Projekt in überschaubare Einzelteile zerlegen

Sie haben bereits damit begonnen, Ihre Grobgliederung in noch kleinere Schritte zu zerlegen. Dieses Vorgehen hat einen direkten Einfluß auf andere Teile Ihres Projektentwurfs, vor allem auf den Arbeits- und Projektplan. Natürlich muß die Feingliederung auch in diesen Plänen ihren Niederschlag finden.

5.6 Arbeits- und Projektplan

Die Praxis hat Ihnen inzwischen gezeigt, daß Überprüfungsphasen besonders wichtig für Ihre Dissertation sind. Eigene und fremde Kritik sollte ständig in das laufende Projekt einfließen und auch in Ihren Arbeits- und Projektplänen den ihr zukommenden Platz erhalten – zumal sich Ihre Hypothesen und Argumente erst dann sinnvoll beurteilen lassen, wenn sie zumindest zum Teil ausformuliert sind. Achten Sie also darauf, in die Erstellungsphase ausreichende Überprüfungsmöglichkeiten einzubauen.

5.6.1 Arbeitsplan überprüfen

Sie bemerken jetzt vielleicht, daß Sie einige Arbeitsschritte unterschätzt, andere überbewertet haben. Je nachdem, ob Ihnen das Formulieren leichter oder schwerer fällt, als Sie ursprünglich dachten, werden Sie hier noch zusätzliche Korrekturphasen einbauen und Ihren Text rechtzeitig lesen lassen müssen. Das kann Auswirkungen auf den Zeitplan haben, da der schriftliche Text eventuell früher vorliegen muß, als ursprünglich eingeplant.

Sicher ist es Ihnen jetzt möglich, das Projekt in noch kleinere Einzelschritte zu zerlegen. Ausgehend von den Ergebnissen der Forschungsphase, planen Sie Ihren Schrifttext Schritt für Schritt. Bedenken Sie: Je feiner Sie die Arbeitsschritte abstufen, um so einfacher wird es Ihnen fallen, die Dissertation zu schreiben.

5.6.2 Projektplan überprüfen

Verändern Sie Ihren Projektplan entsprechend des Arbeitsplanes. Vielleicht ist es bereits jetzt absehbar, daß Sie Schwierigkeiten haben werden, Ihren Zeitplan einzuhalten? Dann scheint es sinnvoll, ein Teilprojekt zu kürzen oder vielleicht ganz zu streichen. Besprechen Sie Ihre Probleme rechtzeitig mit Ihrer Betreuungsperson!

Denken Sie daran, daß viele der Arbeitsschritte parallel ablaufen können und wahrscheinlich sogar müssen. So geht das Erstellen der Bibliographie Hand in Hand mit dem Schreiben, aber auch das Zeichnen von Tabellen oder die Zusammenstellung von Bildmaterial und -unterschriften oder das Aktualisieren Ihres Datenmaterials. Diese Aktivitäten sollten Sie parallel zu anderen Tätigkeiten einplanen. Auch die praktischen Aufgaben, wie eventuell eine Zweitgutachterin/einen Zweitgutachter finden, die Auskunft über die formalen Standards einholen oder sich über die nötigen Unterlagen erkundigen, wollen hier notiert sein.

Sie sollten auch zu delegierende Tätigkeiten mit einbeziehen, also etwa daß Sie ein Kapitel lesen lassen, während Sie selbst am nächsten sitzen und anschließend die Änderungsvorschläge des vorhergehenden Teils einarbeiten, während Sie den eben geschriebenen korrigieren lassen. Auf diese Weise werden Sie eine Menge von zusätzlichen Abgabeterminen und parallel laufenden Aufgaben in Ihren eingehend überarbeiteten Projektplan eintragen können.

5.7 Zwischenergebnisse sichern, Ablage, Datensicherheit

Ein Arbeitsschritt, den Sie in keiner Phase vergessen dürfen, ist das Sichern der Zwischenergebnisse. Grundsätzlich sollten Sie alle Erkenntnisse, die Sie gewinnen, und jede Information, die sie erhalten, sofort an der entsprechenden Stelle Ihrer Ablage festhalten bzw. in den bereits geschriebenen Text einarbeiten. Das macht es notwendig, immer einen Block oder ein Heft bei sich zu führen, auf dem Sie Einfälle sofort notieren können. Diese Aufzeichnungen sollten Sie regelmäßig auf die Datenträger Ihrer Ablage oder Ihres Textprogrammes übertragen. Achten Sie darauf, daß Sie Zahlenmaterial oder Hintergrundinformationen immer sofort dort ablegen, wo sie hingehören. Auf einem wild zusammengewürfelten Stapel haben sie nichts zu suchen. Diese Art der Systematik erspart Ihnen eine Menge Suchen und Zeit.

Gehen Sie regelmäßig die laufenden Zeitschriften zu Ihrem Thema durch. Auf diese Weise verpassen Sie den Anschluß an die aktuelle

Forschung nicht und können auf neue Entwicklungen immer angemessen reagieren. So überprüfen Sie außerdem, ob Ihre Nachforschungen noch zeitgemäß sind. Ihre ursprünglich recherchierten Angaben werden schnell zu Ladenhütern, deshalb sollten Sie Ihr veraltendes Material regelmäßig auf den neuesten Stand bringen.
Die systematisch zu pflegende Ablage ist wichtig, um Ihre Zwischenergebnisse immer abrufbereit und aktuell zu halten. Die neuen Medien können Sie bei diesem Vorgehen unterstützen, da sie es ermöglichen, neueste Informationen schnell zu finden. Andererseits ist es leicht, sich angesichts dieses umfassenden Angebots zu verzetteln. Nehmen Sie die Aktualisierungen nur zu bestimmten, im Arbeits- und Projektplan festgelegten Zeitpunkten vor, nicht öfter. Setzen Sie sich außerdem einen Stichtag, zu dem Sie die letzten Änderungen vornehmen – diesen Termin geben Sie in Ihrer Dissertation als Frist für aktuelle Informationen an.
Die elektronischen Medien haben herkömmlichen Datenträgern gegenüber einen entscheidenden Nachteil: Es gehen leicht Daten verloren. Das hat Folgen für den Vorgang der Datenerfassung und des Schreibens selbst. Sie sollten Ihre Texte regelmäßig sichern, zum einen indem Sie die automatische Sicherung auf kurze Zeitabstände einstellen, zum anderen indem Sie selbst immer wieder Kopien anfertigen. Um allen Widernissen vorzubeugen, sollten Sie den Inhalt Ihrer gesamten Festplatte auf eine CD-ROM brennen, auf Disketten ziehen, auf eine zweite Festplatte kopieren oder mit Hilfe eines Streamers sichern. So brauchen Sie einen Totalabsturz Ihres Systems nicht zu fürchten.
Zumindest sollten Sie eine ausreichende Anzahl von Kopien Ihrer Ablage, des geschriebenen Textes, der Bibliographie und jedes anderen erstellten Teils der Arbeit mehrfach auf Datenträger sichern. Zwei Kopien sind mindestens nötig – und auch die nur dann sinnvoll, wenn Sie es zu Ihrem Ritual machen, sie vor jedem Abstellen des Computers auf den neuesten Stand zu bringen. Wir empfehlen für alle Fälle vier Kopien. Die verschiedenen Kopien sollten an unterschiedlichen Orten aufbewahrt werden. Um ganz sicher zu gehen, sollten Sie etwa

wöchentlich wenigstens eine neue Version Ihres Textes bei FreundInnen oder Verwandten deponieren.
Außerdem empfiehlt es sich, Ihren Computer von Anfang an durch ein Virensuchprogramm zu sichern und alle Fremddateien auf Viren zu checken. Das ist wichtig, wenn Sie etwa Daten aus dem Netz abrufen, an fremden Computern erstellte Disketten verwenden oder Datenträger mit anderen ComputernutzerInnen austauschen.

5.8 Zitate, Fußnoten und Bibliographie

Zitate und Fußnoten sind zentrale Wesensmerkmale einer wissenschaftlichen Arbeit. Im Zusammenhang mit der Bibliographie verleihen sie Ihrer Arbeit das nötige wissenschaftliche Format und geben Ihren Argumenten Gewicht. Denn Sie berufen sich mit Hilfe von Zitaten und Fußnoten auf die Autorität von Fachleuten und untermauern damit Ihre eigenen Schlußfolgerungen. Achten Sie darauf, daß Sie nur solche SpezialistInnen zitieren und nennen, die in Ihrem Fachgebiet anerkannt sind. Schmälern Sie Ihre eigene Autorität auch nicht dadurch, daß Sie Zitate oder Buchtitel fehlerhaft angeben. Kennzeichnen Sie wörtliche Zitate durch Anführungszeichen bzw. Einrückungen, aber machen Sie auch paraphrasierte Textstellen als Fremdargumente kenntlich. Ansonsten kann Ihnen ein Plagiat, also der Diebstahl geistigen Eigentums, vorgeworfen werden, was im schlimmsten Fall zum Ausschluß aus dem Promotionsverfahren führt.
Die formalen Regeln der Dissertation und damit die Vorschriften, die für Zitate, Fußnoten und Bibliographien gelten, sehen an verschiedenen Instituten bzw. Fakultäten sehr unterschiedlich aus. Bringen Sie sie vor Ort in Erfahrung! Hier können nur einige grundsätzliche Angaben gemacht werden.

Zitate
Zitate geben den schriftlichen oder mündlichen Sprachtext eines Datenträgers wie Buch, Musikkassette, Film oder CD-ROM wörtlich wie-

der. Kennzeichnen Sie ein Zitat bereits für Ihre Ablage eindeutig gemäß den Vorgaben Ihres Faches. Vergleichen Sie es sofort nach dem Aufschreiben bis auf den letzten Punkt mit dem Originaltext. Die Lesenden müssen in der Lage sein, mit Hilfe Ihrer Angaben die zitierte Stelle wiederzufinden. In jedem Fall sollten Sie die Seitenzahl bzw. bei Angaben aus dem Netz das Datum der letzten Aktualisierung genau angeben; markieren Sie auch, wo ein Zitat auf die nächste Seite überfließt.
In der Regel werden kürzere wörtliche Zitate in Anführungszeichen gesetzt; Zitate, die eine Länge von drei Zeilen überschreiten, werden oft einzeilig ohne Anführungszeichen eingerückt dargestellt. In jedem Fall wird jedes Zitat belegt – Sie vermeiden Plagiate, wenn Sie Ihre Fundorte und -inhalte auch für paraphrasierte Abschnitte ganz sorgfältig in einer Fuß- oder Endnote bzw. im Fließtext angeben. Zitierte Texte dürfen in der Bibliographie auf keinen Fall fehlen.

Fußnoten, Endnoten
Fuß- und Endnoten nehmen Informationen auf, die im Fließtext keinen Platz finden. Sie stehen am Fuß der Seite (Fußnote) bzw. am Schluß des Kapitels oder des gesamten Fließtextes (Endnote). Lesefreundlicher sind Fußnoten, und da sie dank des Computers auch kein Formatierungsproblem mehr darstellen, finden sie sich heute häufiger als Endnoten. Beide Belegformen können ein Fremdzitat oder eine eigene Formulierung belegen, indem sie die Quelle korrekt und auf die Seite genau angeben. Eine Fuß- oder Endnote kann aber auch eine Hintergrundinformation enthalten oder Anregungen zur zusätzlichen Lektüre geben. Jedes Fach hat eine andere Auffassung von Fuß- und Endnoten; bei Zusatzbemerkungen sollten Sie sich aber immer fragen, ob diese nicht so wichtig sind, daß sie im Fließtext stehen sollten oder umgekehrt so unwichtig, daß Sie ganz auf sie verzichten können.
Die Form von Fuß- und Endnoten kann sehr unterschiedlich geregelt sein, normalerweise muß jede aber mit einem Punkt abschließen. Literaturbelege sollten zumindest bei der ersten Erwähnung der Quelle

alle bibliographischen Angaben enthalten, die Sie in Ihrem bibliographischen Ablagesystem festgehalten haben; bei wiederholter Angabe steht nur noch ein Kurzbeleg, der die eindeutige Identifikation des Textes innerhalb der Bibliographie erlaubt und die Seitenzahl enthält. Normalerweise wird in Fuß- und Endnoten (im Gegensatz zum Literaturverzeichnis) beim AutorInnennamen zuerst der Vor-, dann der Nachname genannt.

Neue Regelungen zum Belegen verzichten ganz auf Fuß- oder Endnoten und belegen Zitate im Fließtext durch Erwähnung von AutorIn und Titel im Fließtext bzw. durch Kurzbeleg in Klammern hinter dem Zitat. Dieses System, das vor allem bei englischsprachigen Zeitschriften gilt, beruht darauf, daß alle Titel ohnehin in der Bibliographie in Gänze aufgeführt sind. Der Kurzbeleg muß die eindeutige Identifizierung der Quelle innerhalb der Lektüreliste ermöglichen.

Auch Texte, die nur über Zitate und Besprechungen in anderen Quellen, also aus zweiter Hand bekannt sind, müssen in der Bibliographie auftauchen, und zwar mit allen Informationen, die Sie der zitierenden Quelle entnehmen können, und unter Angabe des genauen Zitierortes (Zit. in ...).

Bibliographie
In der Endversion der Literaturliste laufen Ihre bibliographischen Bemühungen zusammen, auf sie laufen alle Belege im Fließtext zu. Die Bibliographie muß alle zitierten und mittelbar – durch Paraphrasieren oder Zusammenfassen – wiedergegebenen Texte enthalten, egal, auf welchem Medium. Sie sollte in der Regel auch die Publikationen enthalten, die für den Entwurf der Fragestellung, die Materialauswahl sowie Forschungs- und Erstellungsphase der Arbeit herangezogen wurden. Dies gilt für publizierte Texte ebenso wie für unveröffentlichte Materialien, für Manuskripte, Vorlesungen und Vorträge ebenso wie für Hörspiele, Fernsehsendungen, CD-ROMs oder das World Wide Web.

Erkundigen Sie sich frühzeitig danach, welche bibliographischen Angaben in welcher Form an Ihrem Institut verlangt werden. In der Regel müssen Sie bei einer selbständig erschienenen Quelle wie einem Buch oder Film, einer CD-ROM oder Musikkassette AutorIn und/oder HerausgeberIn bzw. RegisseurIn des Textes angeben, außerdem den genauen Titel einschließlich des Untertitels, die Auflage (bei der zweiten oder jeder späteren Auflage), den Erscheinungsort und das -datum sowie evtl. den Verlag notieren. Bei einer unselbständig erschienenen Quelle wie einem Zeitschriftenaufsatz vermerken Sie AutorIn, Titel des Artikels, Name und Bandnummer sowie Erscheinungsjahr der Zeitschrift und die Seitenangaben des Aufsatzes. Bei einem einzelnen Lied oder Gedicht, das im Rahmen einer selbständigen Quelle veröffentlicht wurde, vermerken Sie neben dessen Titel alle Angaben des selbständigen Textes wie oben aufgeführt.

Die Titel des Literaturverzeichnisses werden alphabetisch nach den Familiennamen der AutorInnen bzw. HerausgeberInnen geordnet. Tauchen mehrere Titel eines Verfassers/einer Verfasserin in Folge auf, müssen Sie den AutorInnennamen nur einmal ausschreiben, in Folge wird er durch 3 bis 5 Trennungsstriche ersetzt. Verschiedene Veröffentlichungen einer Person werden nach Erscheinungsdatum oder in alphabetischer Reihenfolge aufgeführt.

Achten Sie darauf, daß das Datenbank-Programm, mit dessen Hilfe Sie Ihre bibliographischen Angaben notiert haben, kompatibel zu Ihrer Textverarbeitungs-Software ist und Ihren spezifischen Anforderungen an das Bibliographierformat gerecht wird, daß Sie also bei der Zeichensetzung völlig freie Hand haben.

! Arbeiten Sie beim Schreiben von Anfang an mit den vollständigen bibliographischen Angaben zu jeder Textstelle und jedem verwendeten Buch. Tragen Sie jede im Fließtext bzw. in einer Fuß- oder Endnote erwähnte Quelle sofort in Ihre Literaturliste ein! So vermeiden Sie mühevolle und zeitaufwendige Ergänzungen in der Endphase, und Ihre Angaben lassen sich schon in einem frühen Stadium überprüfen und ergänzen. Es ist weniger peinlich und letztlich auch weniger arbeitsaufwendig, einige Texte zu viel in Ihre Dissertation zu integrieren als die Unzulänglichkeiten Ihrer Stoffsammlung erst beim letzten Korrekturdurchgang zu erkennen und in einem Kraftakt am Schluß alle fehlenden Texte nachzutragen oder gar ganz zu vergessen.

Abkürzungen, Formelzeichen
Abkürzungen, die in der Alltags- und Fachsprache nicht regelmäßig verwendet werden, sollten Sie nur in Ausnahmefällen einsetzen. Sinnvoll sind solche seltenen Abkürzungen dann, wenn Sie eine Handvoll von Texten sehr häufig zitieren und auf vollständige Titel bzw. die Kurzbelege verzichten wollen. In diesem Fall stellen Sie eine Liste der Abkürzungen hinter das Inhaltsverzeichnis bzw., wenn dort bereits die Bibliographie steht, hinter diese. Abkürzungen für Titel des Literaturverzeichnisses vermerken Sie auch in der Bibliographie. Auch unübliche Formelzeichen sollten Sie hinter dem Inhaltsverzeichnis erklären. Machen Sie sich kundig, welche Regeln in Ihrem Fach gelten.

Verzeichnis der Abbildungen, Tabellen, Graphiken
Je nach Konvention müssen Sie Ihrer Dissertation auch eine Liste der Abbildungen, Tabellen oder Graphiken beifügen. Machen Sie sich kundig. Stellen Sie Ihr Material rechtzeitig zusammen. Dieser Arbeitsschritt nimmt oft mehr Zeit in Anspruch, als Sie zuerst denken.

5.9 Vorveröffentlichungen

Vielleicht werden Sie bei einer Tagung darauf angesprochen, oder es fragt Sie eine Lehrkraft am Institut, ob Sie nicht einen Teil Ihrer Dissertation bereits vor der Abgabe veröffentlichen wollen. Dann erkundigen Sie sich beim Prüfungsamt bzw. beim Dekanat, ob und unter welchen Bedingungen Ihnen das gestattet ist. Wahrscheinlich müssen Sie einen Antrag stellen.

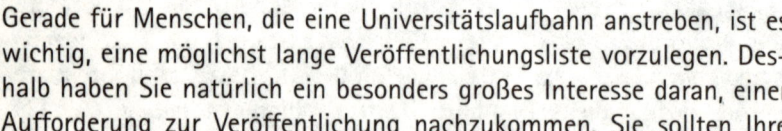

Gerade für Menschen, die eine Universitätslaufbahn anstreben, ist es wichtig, eine möglichst lange Veröffentlichungsliste vorzulegen. Deshalb haben Sie natürlich ein besonders großes Interesse daran, einer Aufforderung zur Veröffentlichung nachzukommen. Sie sollten Ihre

Argumente aber erst dann der Öffentlichkeit vorstellen, wenn sie ausgearbeitet sind. Außerdem sollten Sie nicht zu viele Auszüge Ihrer Dissertation im Vorfeld vorstellen, zumal Ihre Veröffentlichungen nicht nur nach der Anzahl, sondern auch nach ihrer Vielseitigkeit beurteilt werden. Auf einem konkurrenzbetonten Themengebiet könnten Sie sich außerdem um Ihre verdienten Lorbeeren bringen, wenn Sie Ihr Pulver zu früh verschießen. Sprechen Sie sich auf jeden Fall mit Ihrer Betreuungsperson ab.

5.9.1 Weitergabe sensibler Daten und Ergebnisse

Ein ganz heikles Thema ist die Weitergabe sensibler Daten vor der Veröffentlichung Ihrer Dissertation. Vielleicht forschen Sie im Rahmen eines größeren Projektes, oder Sie wissen, daß andere von Ihren Ergebnissen profitieren können? Dann ist Vorsicht geboten: In seltenen, aber fatalen Fällen ist es schon vorgekommen, daß DoktorandInnen Ihre Forschungsergebnisse an Ihre Betreuungsperson oder KollegInnen weitergegeben haben, woraufhin die Ergebnisse in deren Veröffentlichung verschwanden. Damit verloren die ForscherInnen jeden Anspruch auf die Originalität der von ihnen selbst erhobenen Daten. Erkundigen Sie sich also durchaus auch nach dem Ruf Ihrer Betreuungsperson, und stellen Sie Ihre Ergebnisse bei Tagungen oder Vorträgen nach Möglichkeit selbst vor. Sorgen Sie auf jeden Fall dafür, daß alle am Institut und in Fachkreisen über Ihren Anteil am Projekt Bescheid wissen.

An Dritte dürfen Sie Daten und andere Forschungsergebnisse auf keinen Fall ohne Absprache mit Ihrer Betreuungsperson weitergeben. Um den Diebstahl Ihres geistigen Eigentums zu vermeiden, sollten Sie überhaupt nie unüberlegt Ihr Wissen ausplaudern, zumal nicht vor Unbekannten.

5.10 Rahmenbedingungen

Je nach Universität und Fachbereich unterscheiden sich die formalen und bürokratischen Rahmenbedingungen für eine Promotion deutlich. Hier können wir Ihnen nur allgemeine Hinweise geben. Erkundigen Sie sich rechtzeitig beim Prüfungsamt, im Institutssekretariat und bei Ihren Betreuungspersonen nach den geltenden Bestimmungen.

5.10.1 Universitäre Rahmenbedingungen klären

Sie sollten nicht nur die bereits besprochenen formalen Kriterien einer Dissertation – wie die verlangte Form von Zitaten, Fuß- bzw. Endnoten oder Bibliographie – in Ihrem Fach frühzeitig klären, sondern weitere Einzelheiten in bezug auf den Promotionsvorgang in Erfahrung bringen. Zu diesem Zweck sollten Sie zuerst herausfinden, wer für welche Art von Fragen zuständig ist, und mit diesen AnsprechpartnerInnen rechtzeitig ein Vertrauensverhältnis aufbauen. Sie sollten bedenken, daß Sie in Krisenzeiten auf die Unterstützung von wichtigen InformationsträgerInnen wie der Instituts- oder Fakultätssekretärin bzw. den Angestellten des Prüfungsamtes angewiesen sind. Die beste Gelegenheit, solche Personen in entspannter Atmosphäre kennenzulernen, ist, sie möglichst früh persönlich wegen formaler Fragen anzusprechen.

! An dieser Stelle ein Tip: Fragen Sie danach, ob Sie eine oder mehrere Fragen vergessen haben, weil Sie nicht im Traum darauf gekommen wären, sie zu stellen. Gerade im Bereich der Bürokratie haben sich verschiedene Abläufe derart verselbständigt, daß selbst oder gerade logisch denkende Menschen diese niemals vorherahnen würden.

Besorgen Sie sich also alle nötigen Informationen, Formulare und Unterlagen zu einem frühen Zeitpunkt. Erkundigen Sie sich, welche Teile eine Dissertation enthalten muß, neben Inhaltsverzeichnis, Fuß- oder Endnoten, Bibliographie, Abbildungs-, Tabellen- und Abkürzungsverzeichnissen sind das in der Regel ein Lebenslauf und eine eidesstattliche Versicherung, daß die Arbeit selbständig verfaßt wurde. Stellen Sie auch fest, wie etwa das Deckblatt gestaltet sein muß. Machen Sie sich kundig, wie viele Exemplare Sie in welcher Form abgeben müssen, wen Sie über Ihr Promotionsvorhaben in welcher Form (telefonisch, schriftlich, persönlich) informieren müssen. Außerdem sollten Sie feststellen, welche Unterlagen Sie bei Abgabe der Arbeit oder schon vorher bei wem vorlegen müssen (Pro- und Hauptseminarscheine, Praktikumsnachweise bzw. Bestätigung äquivalenter Leistungen, Gesuch um Zulassung zur Promotion, polizeiliches Führungszeugnis usw.).

Erkundigen Sie sich auch danach, welche Konsequenzen eine Verschiebung des Abgabetermins hat und welche Unterlagen und Bestätigungen Sie in diesem Fall beibringen müssen (Attest, Stellungnahme der Betreuungsperson usw.). Machen Sie sich kundig, welches Ihr nächster Abgabetermin wäre.

Hinterlassen Sie bei allen Ämtern und Sekretariaten, aber auch in der Bibliothek, Ihre Angaben zum Wohnort, E-mail-Adresse und Telefonnummer, und lassen Sie diese Angaben aktualisieren, wenn sich etwas verändert. So sind Sie im Notfall jederzeit erreichbar, wenn jemand mit Ihnen Rücksprache halten will. Bei Abwesenheit im Ausland hinterlassen Sie möglichst die Nummer einer Vertrauensperson, die Nachrichten an Sie weiterleiten kann.

5.10.2 ZweitgutachterIn ins Auge fassen und informieren

Zu Ihrem Zweitgutachter/Ihrer Zweitgutachterin sollten Sie sich ebenfalls zu früher Stunde Gedanken machen. Machen Sie sich in bezug auf die formalen Kriterien der Auswahl kundig, und sprechen Sie sich in jedem Fall mit Ihrer Betreuungsperson ab. Die Wahrscheinlichkeit ist groß, daß sie die in Frage kommenden Lehrpersonen kennt bzw. selbst einen Vorschlag macht und fundierte Ratschläge erteilen kann. Nehmen Sie mit dem Zweitgutachter/der Zweitgutachterin frühzeitig Kontakt auf. Sprechen Sie ab, ob die Person Interesse daran hat, Betreuungsfunktionen zu übernehmen und über den Stand Ihrer Arbeit auf dem laufenden gehalten zu werden, oder nur informiert werden will, wann die Korrektur auf sie zukommt. Einige ZweitgutachterInnen nehmen es übel, wenn sie sich als zusätzliche Betreuungsperson nicht ernstgenommen fühlen. Erkundigen Sie sich, ob Erst- und Zweitgutachtende sich in Verbindung gesetzt haben und wie der Gesprächsverlauf war. Intervenieren Sie unter Umständen im eigenen Interesse therapeutisch.

5.10.3 Rückmeldung und Support suchen

Rückmeldung und Support sollten Sie sich zu jedem Einzelschritt der Erstellungsphase holen – und zwar nicht nur von Ihrer Betreuungsperson, sondern auch von Ihrem familiären und befreundeten Umfeld, von KommilitonInnen und/oder von interessierten Außenstehenden, die ihre Hilfe anbieten. Achten Sie aber darauf, daß Sie nicht zu viele Personen in Ihren Text dringen lassen. Planen Sie frühzeitig, welcher Person Sie das Manuskript zu welchem Zeitpunkt überlassen. Eine willkürliche Verteilung an alle Interessierten ist kontraproduktiv.

Knüpfen Sie zu einem frühen Zeitpunkt die nötigen Kontakte zu Leuten, die eine inhaltliche oder rechtschreibtechnische Korrekturfunktion übernehmen können und wollen. Wie an verschiedenen Stellen in diesem Text deutlich wurde, sollten Sie sich nicht scheuen, Ihr Projekt mit anderen zu diskutieren und Ihren Text lesen zu lassen, sobald Sie ihn zu Papier gebracht haben. Achten Sie dabei allerdings darauf, niemanden im Vorfeld bereits zu überfordern. Sie werden in der Endphase auf viel Unterstützung angewiesen sein, teilen Sie also Ihre Ressourcen sorgfältig ein.

5.10.4 Wissenschaftlicher Austausch

Der wissenschaftliche Austausch an der Universität, bei Tagungen und Vorträgen sowie über Veröffentlichungen in gedruckter Form oder im Netz kann Sie, vor allem wenn Sie die Universitätslaufbahn eingeschlagen haben, weiterbringen. Achten Sie aber darauf, sich nicht zu verzetteln und Ihre Ergebnisse nicht zu früh zu veröffentlichen. Denken Sie auch an die Gefahr der Weitergabe sensibler Daten (siehe Kap. 5.9.1).

Das Schreiben von Vorträgen oder Artikeln kann Sie von Ihrem eigentlichen Ziel, dem Abschließen Ihrer Dissertation, abhalten. Fragen Sie sich also bei jeder Verpflichtung, die Sie eingehen, ob sie Sie wirklich weiterbringt oder nicht. Sprechen Sie auch mit Ihrer Betreuungsperson über dieses Thema. Und legen Sie mit ihr gemeinsam ein Datum fest, ab dem Sie keine Aufträge mehr annehmen.

5.10.5 Netzwerke nutzen

Auch in bezug auf Netzwerke sollten Sie darauf achten, Ihre eigenen Interessen nicht aus den Augen zu verlieren. Überstrapazieren Sie die Netzwerke nicht zu einem zu frühen Zeitpunkt. Überlegen Sie gut, welche Information und welche Hilfe Sie wirklich benötigen, um sich nicht die Unterstützung in Krisenzeiten zu verscherzen. Denken Sie nach, bevor Sie spontan einen Anruf oder eine Anfrage starten – vielleicht könnten Sie die Lösung schneller selbst finden und suchen eigentlich nur nach etwas Unterhaltung? Sie sollten Ihre Bedürfnisse für sich selbst klar formulieren, einordnen und sie gezielt zu den in Ihrem Zeitplan vorgesehenen Zeitpunkten befriedigen.

5.10.6 Krisenzeiten, Chaosabwehr, Durchhaltestrategien

Spätestens mit dem Eintritt in die Schreibphase werden Sie mit Krisenzeiten konfrontiert. Ein so großes Projekt wie die Dissertation

scheint Familien- und Lebenskrisen geradezu herauszufordern. Außerdem erscheint Ihnen jetzt auch eine kleine Unstimmigkeit oder ein verhältnismäßig leichter Krankheitsfall wie eine Katastrophe. Der erste Grundsatz lautet also: Bleiben Sie ruhig!
Wenn Sie in eine Krise geraten, aus der Sie selbst nicht mehr herauskommen, packen Sie auch dieses Problem gezielt an. Überlegen Sie, was Ihnen in einer solchen Situation am besten hilft, und ziehen Sie die Konsequenzen. In einer solchen Belastungsphase können Sie eventuell viel über sich lernen. Es kann für Sie besser sein, bewußt ein oder zwei Tage Pause einzulegen, als sich über längere Zeit ineffektiv mit Ihrem Text herumzuquälen. Vielleicht bietet Ihnen auch ein Treffen mit FreundInnen die nötige Entspannung, um wieder Mut für Ihr Projekt zu schöpfen. Unter Umständen benötigen Sie aber auch ein mahnendes Wort von Ihrer Betreuungsperson. Erforschen Sie Ihre bisherigen Strategien, um mit Krisenzeiten fertig zu werden, und profitieren Sie von Ihren Erfahrungen mit sich selbst.
Auf keinen Fall sollten Sie sich und Ihre Umgebung durch die Dissertation überbelasten. Andererseits haben gerade bereitwillige Menschen jetzt die Möglichkeit, an ihren Beziehungen zu arbeiten und einmal die eigenen Belange in den Vordergrund zu stellen. Generell sollten Sie darauf achten, sich jetzt nicht unnötig mit den Problemen anderer zu belasten. Das heißt nicht, daß Sie jede Hilfe verweigern sollten, aber in Zeiten des extremen Stresses müssen Sie mit Ihren Kräften haushalten. Wenn Sie jemand um Hilfe bittet, überlegen Sie zuerst, wie groß die Notlage ist. Können wirklich nur Sie helfen, oder können Sie die Person vielleicht weiterverweisen? Hat die Lösung vielleicht Zeit? Machen Sie Ihren FreundInnen und Ihrer Familie klar, daß Sie jetzt an sich denken müssen – und das ist nur mit der Kooperation der anderen möglich.
Viele Verpflichtungen lassen sich auch auf später verschieben oder waren gar nicht so wichtig, daß Sie ihnen überhaupt nachkommen müßten. Sagen Sie alle Termine und Verpflichtungen freundlich, aber bestimmt ab; nehmen Sie sich vor jedem dieser unangenehmen Gespräche, in denen Sie „Nein" sagen werden, ganz dezidiert vor, dies

auch zu tun. Vielleicht ist es Ihre Umgebung nicht gewöhnt, auf Ihre Belange Rücksicht zu nehmen? Dann ist es jetzt an der Zeit, es ihr beizubringen. Sie werden feststellen, daß viele Dinge plötzlich ohne Ihr Zutun gelingen, und können vielleicht sogar für Ihr Leben nach der Dissertation profitieren – es gibt nämlich ein Leben nach der Dissertation.

5.10.7 Ausgleich und Entspannungsphasen integrieren

Sie sollten von vorneherein positive Aspekte in Ihren Schreiballtag einbauen, Pausen einlegen, sich für getane Arbeit belohnen. Nur so können Sie die lange Erstellungsphase durchhalten. Treiben Sie Sport, machen Sie regelmäßige Essenspausen, planen Sie einen Mittagsschlaf ein, wenn Sie von ihm profitieren, oder begegnen Sie Leistungstiefs durch einen Spaziergang, gehen Sie früh ins Bett, ziehen Sie sich auch mal einfach zurück.

Sie sollten, von Krisensituationen abgesehen, gezielt Verschnaufpausen in Ihren Arbeitsplan integrieren, nicht erst dann spontan alles fallenlassen, wenn Sie bereits kurz vor dem Zusammenbruch stehen. Sie selbst wissen am besten, zu welchen Tageszeiten Sie am wenigsten produktiv arbeiten können und wann Sie eine Pause brauchen. Stellen Sie einen entsprechenden Plan für den täglichen Arbeitsablauf auf, und machen Sie ihn zur Routine (siehe auch Kap. 2.5).

Weder Körper noch Geist sollten bei Ihrem Ausgleichsprogramm zu kurz kommen. Manche PromovendInnen müssen sich durch den Besuch von Yogakursen oder Ausgleichsgymnastik zum Entspannen regelrecht zwingen, andere entspannen sich am besten allein, beim Spazierengehen, Basteln, Lesen oder aber beim Spielen mit den Kindern. Lassen Sie sich gerade in dieser Phase nicht um des lieben Friedens willen dazu verführen, die Freizeitgestaltung ganz Ihrer Umgebung zu überlassen. Tun Sie regelmäßig etwas, was Ihnen Spaß macht!

5.10.8 Rückzug für die Endphase vorbereiten

Sie sollten die abschließenden Aufgaben, die auf Sie zukommen, auf keinen Fall unterschätzen – die Endphase ist erfahrungsgemäß eine krisenreiche Zeit und wird Ihnen noch einmal alles abfordern. Nicht selten häufen sich gerade jetzt die kleinen und großen Katastrophen in Ihrem Leben. Doch geben Sie jetzt, so kurz vor dem Ziel, auf keinen Fall auf! Durch gründliche Planung werden Sie auch diese Phase bewältigen und Ihre Dissertation erfolgreich abschließen. Wieder gelten alle Ratschläge, die Sie schon während der Schreibphase über Wasser gehalten haben:

1. Machen Sie sich klar, daß jetzt noch einmal alles auf dem Spiel steht. Sie wollen Ihr Werk endlich vollenden.

2. Schreiben Sie sich den Abgabetermin für Ihre Dissertation groß auf einen Zettel, und hängen Sie ihn gut sichtbar auf.

3. Überlegen Sie genau, welche Aufgaben noch zu erledigen sind und wer Ihnen bei welchen Problemen helfen könnte. Fragen Sie rechtzeitig um Hilfe an, machen Sie Termine aus, arrangieren Sie für die letzten Arbeiten auch eine „zweite Besetzung" für den Fall, daß im entscheidenden Moment ein Helfer/eine Helferin ausfällt.

4. Bringen Sie alle anstehenden Arzttermine hinter sich. Achten Sie in den kommenden Wochen besonders auf Ihre Gesundheit: Lassen Sie sich nicht gehen, schlafen Sie ausreichend, essen Sie regelmäßig, treiben Sie weiterhin Sport, halten Sie sich möglichst viel im Freien auf, und machen Sie Entspannungsübungen. Gehen Sie rechtzeitig zum Arzt, wenn Beschwerden auftauchen. Rücken-, Schlaf- oder Zahnprobleme treten in der Abschlußphase oft auf, lassen sich aber durch gezielte, rechtzeitige Maßnahmen meist unter Kontrolle bringen.

5. Setzen Sie Prioritäten! Ihre Dissertation ist jetzt von zentraler Wichtigkeit. Erledigen Sie deshalb jetzt noch alle anstehenden Ar-

beiten, die Sie später behindern würden. Halten Sie sich für die kommenden Wochen alle unnötige Arbeit und jeden vermeidbaren Streß vom Hals. Vielleicht können Sie sich sogar von Ihrer Berufstätigkeit eine Zeit lang freinehmen.

6. Entschlacken Sie auch Ihr Privatleben! Überlegen Sie, welche sozialen Verpflichtungen Sie in nächster Zeit besser absagen. Teilen Sie Ihrem Familien-, Freundes- und Bekanntenkreis freundlich, aber bestimmt mit, daß Sie sich für eine gewisse Zeit zurückziehen müssen und nur in äußersten Notfällen zur Verfügung stehen werden. Einige Wochen lang werden die meisten Feste und Familienfeiern ohne Sie stattfinden müssen.

7. Vernachlässigen Sie allerdings bei allem nicht Ihre Partnerschaft. Versichern Sie Ihrem Partner/Ihrer Partnerin immer wieder, wie wichtig er/sie für Sie ist.

8. Planen Sie auch Entspannungszeiten ein – ohne sie geht es nicht! Überlegen Sie: Auf welche Gewohnheiten wollen Sie auf keinen Fall verzichten, welche private Routine ist Ihnen eher lästig? Denken Sie daran, sich und Ihren Lieben auch mal eine Freude zu machen.

Checkliste: Rückzug vorbereiten

- Alle formalen Kriterien herausfinden und dabei Kontakt zur Verwaltung aufbauen.
- Sich über alle organisatorischen Dinge erkundigen.
- ErstgutachterIn auf dem laufenden halten.
- ZweitgutachterInnen informieren.
- Lebenslauf erstellen.
- Teile der Dissertation nebenher schreiben (Bibliographie, Abbildungsverzeichnis, Abbildungen suchen und kopieren, Deckblatt usw.).
- Formatierungsfragen klären (Schriften, Gliederungssystem usw.).

- Checkliste für Arztbesuche und laufende Verpflichtungen anlegen.
- Prioritäten bei Terminen und Verpflichtungen setzen, alles Unnötige absagen.
- Umgebung informieren, daß Sie in die Endphase einsteigen.
- Planen Sie gezielt, und halten Sie Ihre zeitlichen Vorgaben ein. Dazu gehört auch, daß Sie Entspannungszeiten und Belohnungsphasen einbauen müssen.

6 | Endphase

Nun ist es soweit – Sie gehen in die Endphase. In dieser Zeit ist es Ihre Hauptaufgabe, sich der Beendigung Ihrer Dissertation zu widmen. Reduzieren Sie also alle anderen Aufgaben auf ein Minimum. Üben Sie sich in der Kunst, Frustrationen zu tolerieren, etwa wenn in dieser Zeit etwas liegenbleibt oder Ihre Vertretung eine andere Arbeitsweise an den Tag legt als Sie selbst und deshalb die Dinge eben auch anders erledigt werden. Obwohl Sie Ihre FreundInnen und Familienmitglieder informiert und sich ihrer Unterstützung vergewissert haben, werden Sie auf Probleme stoßen; doch mit Verweis auf Ihre Ausnahmesituation sollten Sie diese im Regelfall vertagen können.

Das gilt möglicherweise nicht für Ihre Partnerschaft. Die Erfahrung lehrt, daß sich nicht selten gerade jetzt große und größere Beziehungskrisen einstellen. Die endgültige Fertigstellung Ihrer Dissertation bedeutet für alle Beteiligten, daß Sie einen großen Schritt nach vorne machen, und das setzt speziell bei den nächsten Beziehungspersonen auch Ängste frei, vor allem dann, wenn Sie Ihren Beziehungspartner/Ihre Beziehungspartnerin sozial „überholen".

F Gerade wenn Frauen an Ihren Männern „vorbeiziehen", ist das oft ein Problem. Vor allem in der Phase, in der Sie einen konkreten Abgabetermin ins Auge gefaßt haben, geschieht es nicht selten, daß Ihr Partner in eine Krise kommt, vor allem, wenn er selbst nicht promoviert ist. In den seltensten Fällen wird ihm das eigentliche Problem bewußt sein, und er wird deshalb auf die Kritikpunkte zurückfallen, die er auch in anderen Beziehungskrisen typischerweise vorbringt.

Eine Ursache könnte sein Unterlegenheitsgefühl sein. Bringen Sie das nicht zwischen Tür und Angel zur Sprache, sondern machen Sie einen Termin für eine Krisensitzung aus, und besprechen Sie diesen möglichen Grund für seine Unruhe in einer ruhigen Stunde. Wenn sich herausstellt, daß Ihr Mann oder Partner eine grundsätzliche Angst vor erfolgreichen Frauen hat, müssen Sie entscheiden, wie Sie damit umgehen. Bedenken Sie aber, daß dieses Thema von nun an Ihre Beziehung begleiten wird, und überlegen Sie ganz genau, was Ihnen wichtiger ist. Wenn die Beziehungskrise Ihre Konzentrationsfähigkeit beeinträchtigt, suchen Sie sich nach Möglichkeit eine andere Arbeitsumgebung. Vielleicht nutzt es auch, wenn Sie ihn gerade in dieser Phase in den Arbeitsprozeß mit einbeziehen (beim Layout, Korrekturlesen oder bei inhaltlichen Diskussionen usw.). Machen Sie Ihren Kopf frei, denn Sie brauchen alle Kapazitäten für Ihr Projekt, die Fertigstellung Ihrer Dissertation.

! Delegieren Sie möglichst viele Aufgaben an andere, und überprüfen Sie erneut, was wirklich nur Sie machen können. Ihr Projektplan spielt in dieser Phase eine besonders große Rolle. Überarbeiten Sie ihn, und halten Sie ihn ein. Gerade für diese Phase müssen Sie besonders viele Pufferzeiten einplanen.

6.1 Vorläufige Version erstellen

Sie haben mittlerweile einen Berg von selbst verfaßten Texten vorliegen, die inhaltlich bereits den unterschiedlichen Kapiteln zugeordnet sind. Wichtige Textstellen und Zitate liegen schon vor, müssen aber vielleicht an den entsprechenden Stellen eingebaut werden. Ihre Literaturliste ist im Verlauf der Beschäftigung mitgewachsen und bereits in der vorläufigen Endfassung vorhanden. Für ihre Endbearbeitung bieten sich Zeiten an, in denen Sie sich geistig nicht so fit fühlen. Dies kann zu jedem Zeitpunkt geschehen, da Sie ab jetzt keinen neuen Literaturtitel mehr aufnehmen. Sie haben genug gelesen und sollten sich nun nicht mehr durch Neuerscheinungen vom Erstellen des eigenen Textes abhalten lassen. Sie schreiben das zusammen, was Sie bis zu diesem Zeitpunkt haben, mehr nicht. Mut zur Lücke ist jetzt angesagt.

Gehen Sie systematisch vor, überprüfen Sie Ihre Gliederung und Ihr Material auf Stimmigkeit, und nehmen Sie gegebenenfalls noch Detailänderungen vor. Überarbeiten Sie danach Stück für Stück Ihre inhaltlichen Kapitel, und überprüfen Sie jeden einzelnen Argumentationsstrang danach, ob er sich logisch und stringent entwickelt. Schreiben Sie sich die Einzelschritte dieses Gedankengangs heraus, und legen Sie diese Aufzeichnungen vor das jeweilige Kapitel und Unterkapitel in Ihre Textsammlung.
Jetzt geht es um die endgültige Formulierung. Manche Textteile sind bereits gut ausformuliert und benötigen nur noch ein Feintuning, andere liegen nur als Argumentationsstränge und Zitate vor, die Sie noch in eine präsentable Form bringen müssen.

6.1.1 Arbeit optimieren, nicht umschreiben

Wenn Sie Ihre bereits formulierten Texte durchlesen, werden Sie an manchen Tagen Gefahr laufen, sie erneut vollkommen umschreiben zu wollen. Tun Sie das nicht: Sie verschwenden dadurch nur Zeit. Beobachten Sie deshalb, ob Sie nicht den Text, den Sie noch am Vortag vollkommen umschreiben wollten, einige Stunden später doch ganz gut finden. Bevor Sie ganze Teile Ihrer Dissertation umschreiben, lassen Sie einige Zeit über dieser Entscheidung verstreichen, und besprechen Sie sich mit einer Person Ihres Vertrauens. Sie haben schließlich in Ihre Doktorarbeit bereits viel investiert, und Ihre Aufgabe zu diesem späten Zeitpunkt ist es, sie nur noch zu optimieren, nicht mehr ganz umzuschreiben. Kümmern Sie sich also vorrangig um die noch nicht ganz ausformulierten Passagen, und stimmen Sie die Argumentationsketten sorgfältig aufeinander ab. Dann kann eigentlich nichts mehr schiefgehen.
Während Sie an der Überarbeitung noch zu verfeinernder Texte sitzen, geben Sie bereits fertiggestellte Kapitel sukzessive an eine Person weiter, die im Korrekturlesen möglichst professionelle Erfahrung hat. Zu diesem Zeitpunkt dient ein vorläufiger Korrekturgang vor allem

dazu festzustellen, wieviel Arbeit an der Rechtschreibung und der formalen Struktur noch nötig sein und wieviel Zeit das Korrigieren in Anspruch nehmen wird. Außerdem sollte die Arbeit bereits formal vorkorrigiert sein, bevor es an die erste inhaltliche Beurteilung geht, um die Konzentration auf inhaltliche Aspekte nicht zu stören. Wenn Sie niemanden in Ihrem Umfeld haben, der/die professionell korrekturliest, müssen Sie jemanden dafür engagieren.
Unterschätzen Sie auf keinen Fall die Wichtigkeit der formalen Aspekte! Ihre Texte sollten nicht nur inhaltlich stringent, sondern auch formal annähernd perfekt sein, wenn Sie sie der Betreuungs- und Zweitbetreuungsperson offiziell vorlegen. Inoffiziell können Sie das selbstverständlich auch mit einer Rohfassung tun, die noch einige Tippfehler hat, – es sollten aber auch in diesem Fall nicht zu viele sein. Sie tun sich keinen Gefallen damit, wenn Sie sich wegen einer schlampigen Form inhaltliche Sympathien verscherzen.
Nach der formalen Durchsicht Ihrer bereits fertiggestellten Textteile sollten Sie diese durch mindestens drei Menschen probelesen lassen, die sie inhaltlich beurteilen können. Das sollte sicherheitshalber zum einen Ihr Doktorvater/Ihre Doktormutter und Ihr Zweitgutachter/Ihre Zweitgutachterin sein, zum anderen eine weitere Person Ihrer Wahl, der Sie vertrauen und der Sie diese Aufgabe inhaltlich zutrauen.
Wenn Sie die kritisierten Exemplare zurückerhalten, sollten Sie Kritik und Anregungen gründlich vergleichen und entscheiden, wie Sie damit umgehen wollen und können. Stoßen Sie, zumal zu einem späten Zeitpunkt, auf harsche Kritik seitens Ihrer Hauptbetreuungsperson, sollten Sie nicht gleich in Panik geraten, sondern sich zuerst mit der Person Ihres Vertrauens besprechen.
Kommen Sie gemeinsam zum Schluß, daß die Kritik berechtigt ist, müssen Sie tatsächlich grundsätzliche Überarbeitungsschritte in Angriff nehmen. Dann ist es notwendig, daß Sie sich realistisch überlegen, ob Sie Ihren ursprünglichen Zeitplan noch einhalten können, oder ob Sie nicht sinnvollerweise einen späteren Abgabetermin ins Auge fassen. Lassen Sie sich aber nicht unterkriegen, und arbeiten Sie auch mit einem neu erstellten Projektplan konsequent weiter an

Ihrem Ziel. Sprechen Sie Veränderungen Ihrer Planung intensiv mit Ihren Betreuungspersonen durch.

Möglicherweise kommen Sie ja mit der Person Ihres Vertrauens zu dem Schluß, daß die inhaltliche Kritik aus einer unglücklichen Verkettung der unterschiedlichsten Umstände erwachsen ist und sich durch ein klärendes Gespräch relativieren läßt. Bewahren Sie also vor allem Ruhe, und sprechen Sie mit Vertrauenspersonen über inhaltliche Kritik und strategische Überlegungen. Bleiben Sie weiter im Zeitplan. Krisensituationen tauchen in dieser Phase immer auf, lassen sich jedoch im Regelfall überwinden.

Wenn keine Rückmeldung seitens Ihrer Betreuungsperson kommt, überprüfen Sie, ob Ihre Texte tatsächlich sorgfältig gelesen wurden. Sorgen Sie auch in der Endphase für einen regelmäßigen Austausch!

Sind alle Kapitel überarbeitet und sowohl inhaltlich als auch formal überprüft, geht es an die gestalterische Überarbeitung Ihres Gesamtwerkes. Beachten Sie dringend: Dieser Vorgang kostet viel Zeit! Sie sollten mindestens eine Woche dafür veranschlagen. Diese Zeitvorgabe gilt aber nur, wenn Sie sich bereits ausführlich mit Ihrem Textverarbeitungsprogramm vertraut gemacht haben und schon wissen, wie Sie etwa das Inhaltsverzeichnis, die Bibliographie, Icons, Tabellen, Listen und Abbildungen erstellen und in den Text integrieren müssen. Sie können diese Zeit nur dann abkürzen, wenn Sie von vorneherein sukzessive stimmige Formatvorlagen für jeden gestalterischen Einzelaspekt erstellt haben. Es bietet sich durchaus an, die Arbeit am Endlayout nach der endgültigen inhaltlichen Überarbeitung zu delegieren. Dies sollte wieder von einer Fachperson vorgenommen werden.

Zwingend folgt ein abschließender rechtschreibtechnischer Korrekturgang und die Schlußanpassung des Layouts.

Sie stellen ein letztes Mal Fragen wie:
- Sind alle Zitate belegt?
- Finden sich die angegebenen Texte auch tatsächlich alle in der Bibliographie?
- Sind wirklich alle Abbildungen integriert?

- Stimmen die Bildunterschriften mit den Darstellungen überein?
- Stimmen alle Numerierungen?
- Ist die Abfolge von Kapiteln, Seitenzahlen, Bildunterschriften usw. korrekt?

Und viele mehr.

Wie bereits gesagt: Planen Sie für die Endphase viele Pufferzeiten ein, denn die Unbilden, die in dieser Zeit auf Sie zukommen können, sind zwar grundsätzlich meist aus dem Weg zu räumen, aber mit einem hohen Zeitaufwand verbunden. Denken Sie auch daran, daß Sie zu diesem Zeitpunkt wahrscheinlich nicht mehr die gleiche Person sind, die Sie bei der Erstellung Ihres Zeitplanes waren. Sie haben dunkle Augenringe, können kaum mehr aufrecht gehen und haben Halluzinationen über den Moment, in dem Sie endlich mit der fertigen Version im Copyshop stehen. Auf Grund Ihrer jetzigen Verfassung dauert jeder Handgriff wesentlich länger als üblich. Tragen Sie diesem Umstand Rechnung!

Achten Sie auch darauf, von jeder Version Ihrer Dissertation mehrere Kopien auf verschiedene Datenträger zu übertragen, und hüten Sie diese wie einen Schatz. Geben Sie den verschiedenen Versionen auch unterschiedliche Dateinamen, damit Sie genau wissen, mit welcher Version Sie es zu tun haben. Drucken Sie, wenn möglich, jede Fassung mit Erstellungsdatum aus. Ihre letzte Version sollten Sie mit einem besonders schönen Dateinamen versehen und ebenfalls mehrfach abspeichern.

Jetzt geht es ans Ausdrucken, das vorher als Arbeitsschritt und Zeitfaktor eingeplant werden sollte. Bedenken Sie, daß das Ausdrucken eines so großen Manuskripts je nach Drucker ungeahnt lange dauern kann. Achten Sie beim eigenen und einem fremden Drucker darauf, daß Sie immer mindestens eine Kartusche und ausreichend Papier in Reserve haben. Sie müssen damit rechnen, daß Sie den Endausdruck mehrfach durchführen müssen, und die Erfahrung lehrt, daß die Rohstoffe immer mitten in der Nacht oder am Sonntag ausgehen.

Machen Sie Ihren Endausdruck möglichst an dem Computer und auf

dem Drucker, auf dem Sie die Arbeit erstellt haben. Da jedes andere Gerät Ihr Layout vollkommen verzerren kann, sollten Sie an Fremdgeräten Probeausdrucke gemacht haben. Sichern Sie sich den Zugang zum Fremdgerät, und planen Sie auch hier genügend zeitlichen Spielraum ein.
Bedenken Sie: Der Ausdruck der Endfassung Ihrer Dissertation ist ein weiterer kritischer Moment. Es ist schier unglaublich, wie viele Drucker gerade in diesem Augenblick die verrücktesten Eigenschaften an den Tag legen. Und wenn Sie jetzt gerade denken: „Mein Drucker tut mir das nicht an!" – Lassen Sie es nicht darauf ankommen. Drucker haben keine Moral.

! Rechnen Sie reichlich Zeit für das Drucken und Binden Ihrer Doktorarbeit ein, und machen Sie sicherheitshalber einen Termin mit Ihrem Copyshop aus.

6.2 Abgabe

Trotz aller Hindernisse ist es dann irgendwann geschafft: Ihr Werk liegt ausgedruckt vor Ihnen. Erstellen Sie jetzt mehrere Druck- bzw. Kopierversionen in gebundener Form, und reichen Sie diese bei Ihrem Prüfungsamt ein. Geben Sie nicht am letzten Tag ab, denn es kann trotz aller Vorsichtsmaßnahmen passieren, daß irgendein Detail übersehen wurde. Ein Puffertag kann Sie retten!
Manche Betreuungspersonen wollen bereits jetzt ein Exemplar haben, um die Arbeit zu lesen, bevor sie auf offiziellem Weg zu ihnen gelangt.
Bis zur Abgabe und darüber hinaus sollten Sie den Kontakt mit den relevanten Verwaltungsinstanzen nicht abreißen lassen und darauf achten, daß Sie immer – im Zweifelsfall über eine dritte Person – erreichbar sind, falls noch ungeahnte Zwischenfälle passieren und Sie sich bereits im wohlverdienten Urlaub befinden. Sprechen Sie sich mit Ihren Betreuungspersonen, dem Dekanat und dem Prüfungsamt

detailliert ab, und halten Sie auch in der Prüfungsphase, in die Sie nunmehr eintreten, die Termine ein.

6.2.1 Letzte bürokratische Hürden

Nachdem Sie Ihre Dissertation in einer bestimmten Auflagenhöhe (2-5 Exemplare) beim Prüfungsamt abgegeben und die entsprechenden Zusatzunterlagen beigebracht haben, meldet das Prüfungsamt dem für Sie zuständigen Dekanat Ihre Abgabe und sendet ihm Ihre Pflichtexemplare für die Gutachter. Das Dekanat sorgt dann dafür, daß Sie mit der offiziellen Einreichung Ihrer Dissertation auf die Tagesordnung der nächsten Fachbereichsratssitzung kommen. Wenn Sie Zeit sparen wollen, können Sie sich vorab schon auf die nächstmögliche Sitzung des Fachbereiches setzen lassen, da dieser häufig in größeren Zeitabständen tagt. In diesem Fall sollten Sie sich jedoch sehr sicher sein, daß Sie tatsächlich bis zu diesem Termin abgegeben haben werden, ansonsten wird es peinlich für Sie.

Folgende Zusatzunterlagen müssen Sie in aller Regel einreichen:
- Das je nach Universität und Fachbereich unterschiedlich gestaltete Deckblatt,
- eine Erklärung, daß Sie die Dissertation ohne fremde Hilfe angefertigt und keine anderen als die angegebenen Hilfsmittel verwendet haben,
- eine Erklärung, in der Sie bestätigen, daß die Dissertation noch nicht veröffentlicht wurde,
- Nachweise, daß Sie die Zulassungsvoraussetzungen erfüllen (Abiturzeugnis, Nachweis des Hochschulabschlusses, Studienbuch etc.),
- Ihren Lebenslauf in handschriftlicher oder gedruckter Form,
- Ihre Veröffentlichungsliste,
- eine Erklärung über frühere Promotionsversuche,
- ein amtliches Führungszeugnis.

Bedenken Sie, daß die Beschaffung dieser Unterlagen zum Teil eine zeitaufwendige Angelegenheit ist, und kümmern Sie sich rechtzeitig darum. Die Beantragung eines Führungszeugnisses etwa nimmt einige Zeit in Anspruch.

Wenn endlich der Tag gekommen ist, an dem Sie Ihre Dissertation abgegeben haben, dürfen und müssen Sie sich Entspannung gönnen. Begehen Sie nicht den Fehler, den Tag der Abgabe mit dem Beginn Ihrer üblichen Tätigkeiten gleichzusetzen. Vielleicht haben Sie schon während der Fertigstellung Ihres Werkes eine Liste mit schönen Ideen für die Zeit nach der Abgabe geführt? Vielleicht haben Sie bereits früh einen Urlaub gebucht? Wofür auch immer Sie sich entscheiden – belohnen Sie sich, und lassen Sie sich feiern. Sie haben es sich verdient und sind mit Recht stolz auf sich. Körper und Geist brauchen jetzt Schonung, denn die nächste mit Anstrengung verbundene Zeit ist in Sicht: die Zeit der mündlichen Prüfungen.

6.3 Vorbereitung der mündlichen Prüfung für interne und externe PromovendInnen

Nachdem Sie sich von den Strapazen der Dissertationszeit erholt und wieder Ordnung in Ihren Alltag gebracht haben, sollten Sie sich psychologisch und inhaltlich auf die nächste Herausforderung vorbereiten. Die Tatsache, daß Ihre Dissertation erst eine Zeitlang fakultätsöffentlich auslegen muß, bevor Ihre mündlichen Prüfungen beginnen können, verschafft Ihnen die Möglichkeit einer kleinen Atempause.

Schon jetzt sollten Sie mit Ihren PrüferInnen Termine und Inhalte besprechen. Achten Sie darauf, daß Sie sich rechtzeitig mit Ihren PrüferInnen ins Vernehmen setzen. Das Rigorosum läßt die Themenwahl weitaus offener als die Disputation, in der Sie „nur" das Thema Ihrer Dissertation vertreten müssen. In beiden Fällen sollten Sie sich jedoch ausführlich vorbereiten.

Besprechen Sie sich auch mit den PrüferInnen Ihrer Nebenfächer, und versuchen Sie, das Themenspektrum einzugrenzen. Halten Sie auch in dieser Zeit kontinuierlichen Kontakt zu Ihren künftigen PrüferInnen.

6.3.1 Inhaltliche Vorbereitung

Sie haben für die inhaltliche Vorbereitung drei wesentliche Richtpunkte:

1. Die Themenbereiche, die in den Vorgesprächen ins Auge gefaßt wurden. Bereiten Sie sich auf ein solches Gespräch gut vor. Erkundigen Sie sich ausführlich nach den Vorgaben des Instituts, und überlegen Sie bei Bedarf, welche Themen Sie möglichst zeitsparend bearbeiten können, indem Sie etwa ähnliche Themenfelder in verschiedenen Fächern vorbereiten.
2. Die Themenbereiche, für die sich Ihre PrüferInnen interessieren; sie sollten auch Ihnen nicht ganz unbekannt sein.
3. Die Logik der Prüfungssituation: der vorhersehbare Ablauf der Prüfung, etwa das System von Frage und Antwort und das Verhältnis zu den Prüfenden. Erkundigen Sie sich also bei mehreren VorgängerInnen, wie deren Prüfung ablief. Versuchen Sie, sich ein Bild von der Situation zu machen und sich innerlich darauf einzustellen.

Die Logik der Prüfungssituation im Falle einer Disputation läßt es etwa erwarten, daß Sie eingangs einen Vortrag über Ihre Erkenntnisse im Forschungsverlauf halten werden, den Sie vorbereiten können.
Versetzen Sie sich in die Haut Ihrer PrüferInnen, und machen Sie sich klar, welche Gedanken in ihren Köpfen umgehen. Das heißt, machen Sie sich schlau, welche Forschungsprojekte, welche Veröffentlichungen, welche Vorlesungen etc. die PrüferInnen gerade beschäftigen oder kürzlich beschäftigt haben, und versuchen Sie, im Vorfeld Fragen aus deren Perspektive zu entwickeln. Es geht jetzt darum, daß Sie sich in Empathie üben und sich mit den Themen und Interessen Ihrer PrüferInnen auseinandersetzen. Überlegen Sie: Wie und was würde ich

zu welchem Thema fragen, wenn ich PrüferIn A, B oder C wäre? Abgesehen davon, aber damit verknüpft, haben Sie ein Themenspektrum vorgegeben, welches Sie sich erarbeiten müssen.

! Ein Tip, der Gold wert sein kann: Lesen Sie die Texte mit den Augen Ihrer PrüferInnen.

Machen Sie sich erneut einen Zeitplan. Ihre Betreuungsperson wird Ihnen schon früh wenigstens einen ungefähren Zeitpunkt der Prüfung nennen können, den Sie zum Planen benötigen. Reaktivieren Sie Ihre Arbeitsstrategien und -zeiten, wie Sie es während Ihrer Dissertation eingeübt haben, und halten Sie durch. Das Ende des Projektes ist in Sicht.

6.3.2 Psychologische Vorbereitung

Nicht selten ist die psychologische Vorbereitung wichtiger als die inhaltliche, denn eine mündliche Prüfung ist, wie Sie wohl wissen, zum einen im wesentlichen Nervensache. Sie haben sicherlich schon einige Erfahrung mit sich in einer solchen Situation gesammelt und Ihre persönliche Strategie entwickelt. Wenn nicht, sollten Sie sich jetzt Gedanken machen und sich ehemalige mündliche Prüfungs- und Bewährungssituationen vor Augen führen. Versuchen Sie, objektiv Ihre Stärken und Schwächen zu benennen und ein Konzept zu entwickeln, welches beidem Rechnung trägt. Zum anderen hat die mündliche Prüfung im Rahmen einer Promotion eine andere Qualität als frühere. Von einem Promovenden/einer Promovendin wird sicheres Auftreten, eigenständiges Denken und klare Präsentation erwartet und vorausgesetzt.

Allgemein gilt:

1. Arbeiten Sie an einer Beruhigungsstrategie. Sie werden höchstwahrscheinlich aufgeregt sein, aber Sie haben in aller Regel auch Möglichkeiten, sich selbst vor einer Panikreaktion zu bewahren. Denken Sie im Vorfeld darüber nach!

2. Definieren Sie die Situation um: Was Ihnen wie der Marterpfahl vorkommt, könnte und sollte auch als interessante wissenschaftliche Unterhaltung gesehen werden. Versuchen Sie, diesen Perspektivenwechsel in Ihrem Denken vorzunehmen.

3. Hören Sie während der Prüfung zu, wenn andere sprechen, und bleiben Sie im Gesprächsfluß. Übernehmen Sie aber auch die Initiative, gerade wenn sich das Gespräch in eine Richtung entwickelt, die unsicheren Boden für Sie bedeutet. Im Krisenfall können Sie auch nach einer Ihrer Antworten eigene Fragen stellen, die die Gesprächsrichtung entscheidend verändern.

4. Arbeiten Sie mit dem Wissen über die Persönlichkeitsstruktur Ihrer PrüferInnen. Wenn es sich um einen väterlichen oder mütterlichen Typ handelt, können Sie sich durchaus aus der Tochter-/Sohnperspektive nähern. Wenn es sich um den streitlustigen Typ handelt, überlegen Sie sich bereits im Vorfeld für Sie günstige Streitfragen. Wenn es sich um den distanzierten Typ handelt, bleiben auch Sie distanziert, und kommen Sie ihm nicht zu nahe.

5. Dokumentieren Sie Ihr lebhaftes Interesse an den Fragen Ihrer PrüferInnen, und führen Sie Fragen, zu denen Sie besonders viel wissen, weitläufig aus. Vergessen Sie nicht, daß es darum geht, Zeit zu überwinden.

6. Im Krisenfall, wenn sich das Prüfungsgespräch unaufhaltsam in eine Richtung bewegt, die Sie als bedrohlich empfinden, sollten Sie einen klaren Schnitt machen und offensiv eine andere Gesprächsrichtung vorschlagen. Wenn Ihre PrüferInnen wohlwollend sind – was in der Regel so ist –, werden sie Ihrem Wunsch entsprechen.

7. Last, but not least: Überlegen Sie im Vorfeld genau, wie Sie sich präsentieren wollen, und sprechen Sie Ihre Überlegungen etwa zum Thema Kleidung und Selbstpräsentation ausführlich mit Vertrauten ab. Erkundigen Sie sich, welche Konventionen in Ihrem Fach gelten.

F Nach wie vor ist es im Regelfall so, daß Sie als Frau einem Prüfungsgremium vorgeführt werden, welches ausschließlich aus Männern besteht. Die Erfahrung lehrt, daß gerne versucht wird, gerade Frauen zu verunsichern. Unglücklicherweise neigen Frauen nicht selten dazu, sich verunsichern zu lassen. Spielen Sie die Prüfungssituation mit FreundInnen durch, und entwickeln Sie Strategien für mögliche Krisensituationen. Wenn Sie sich in der Prüfung unter Druck gesetzt fühlen, stellen Sie sich die Anwesenden etwa nackt vor. Machen Sie sich aber auch klar, daß Sie – genauso wie die anderen Anwesenden – Fachfrau in einem bestimmten Bereich sind und über viel Wissen verfügen. Seien Sie sich Ihres Stellenwertes bewußt!

Nach der letzten mündlichen Prüfung werden Sie zwar erledigt sein, aber voller Glück zur Kenntnis nehmen dürfen, daß Sie es jetzt endgültig geschafft haben. Sie sind promoviert! Gönnen Sie sich einen schönen Tag, entspannen Sie sich, lassen Sie sich wieder feiern.

Bevor Sie aber Ihren Doktortitel tragen dürfen, müssen Sie Ihre Dissertation veröffentlichen.

6.4 Veröffentlichung vorbereiten und durchführen

Jede angenommene Dissertation muß veröffentlicht werden. Grundsätzlich gibt es zwei Möglichkeiten: Sie können entweder eine vorgegebene Stückzahl in kopierter und gebundener Form bei der Universität abgeben, in aller Regel werden zwischen 80 und 200 Stück verlangt. Oder Sie suchen einen Verlag, der Ihre Veröffentlichung in sein Programm aufnimmt. Wenn Sie diesen Weg wählen, müssen Sie nur einige wenige Druckexemplare Ihrer Dissertation bei der Universität abliefern. Sowohl die Anzahl der Pflichtexemplare als auch die Anzahl der Exemplare bei Verlagsveröffentlichung variieren erheblich und müssen je nach Fakultät bzw. Universität nachgefragt werden.

Im Prinzip gibt es auch die Möglichkeit, auf Microfiche oder auf CD-ROM zu veröffentlichen oder die Schrift online im Internet abzulegen. In diesen Fällen müssen Sie zuerst prüfen, ob die Promotionsordnung es gestattet. Außerdem sollten Sie sich über die Vor- und Nachteile im klaren sein: Eine Veröffentlichung auf Microfiche (kleine Fotonegative, die auf einer DIN-A6-Karte abgelegt sind und pro Karte 98 DIN-A4 Seiten umfassen) hat zum Beispiel den Nachteil, daß sie nur auf einem speziellen Sichtgerät eingesehen werden kann, das zwar die meisten Bibliotheken besitzen, was aber nicht besonders leserInnenfreundlich ist. Diese Veröffentlichungsform ist kostengünstig und dem gedruckten Buch in dem Sinne gleichgestellt, daß sie über eine ISBN-Nummer verfügt und über den Buchhandel bezogen werden kann.

Auch die Veröffentlichung auf CD-ROM ist eine kostengünstige Variante, und hier kann auf Grund der hohen Speicherkapazitäten mit multimedialen Effekten gearbeitet werden, also etwa mit Ton und Video. Es gibt allerdings bisher nur wenige Universitäten, die eine solche Veröffentlichung gestatten.

Wenn Sie Ihre Dissertation im Netz abstellen, werden Sie von den wenigen Universitäten, die diese Form der Veröffentlichung unterstützen, wie jemand behandelt, der seine Dissertation als Buch veröffentlicht. Diese Form ist jedoch neu und sehr selten.

Üblicherweise werden Sie sich im Falle einer Veröffentlichung also an einen Verlag wenden. Das ist, neben der Abgabe der Pflichtexemplare, nach wie vor die häufigste Lösung.

Gerade wenn Sie eine universitäre Laufbahn einschlagen wollen, werden Sie von sich aus Interesse an der Veröffentlichung durch einen Verlag haben, da das auf Ihrer Veröffentlichungsliste gut aussieht. Es sollte sich in diesem Fall außerdem möglichst um einen in Ihrem Fachgebiet einschlägigen Verlag handeln, denn auch das macht sich aus Image- und Karrieregründen gut. Das ist allerdings mit einem weiteren Aufwand verbunden, da Sie nicht selten umfangreiche Layoutarbeiten vornehmen müssen, was wiederum zeit- oder kostenaufwendig ist. Bedenken Sie außerdem: Wenn Sie keinen Bestseller geschrieben haben – wovon in aller Regel ausgegangen werden kann –, müssen Sie für die Veröffentlichung je nach Verlag erst einmal eine nicht unbeträchtliche Geldsumme zahlen. Einen Teil davon bekommen Sie zwar bei Verkauf zurück, aber Sie machen dabei kaum ein gutes Geschäft.

Wenn die Veröffentlichung für Sie nicht wichtig ist, sollten Sie sich überlegen, ob Sie nicht doch lieber die Pflichtexemplare abliefern.
Vielleicht ist es Ihnen aber ein Anliegen, Ihr eigenes Buch im Bücherregal stehen zu sehen und es als Geschenk unter die Leute zu bringen? Dann müssen Sie sich üblicherweise bei den für Sie in Frage kommenden Verlagen um Aufnahme ins Sortiment bewerben. Es lohnt sich, mehrere Angebote einzuholen, wenn Sie nicht aus Imagegründen festgelegt sind, da sie sich in Preis und Leistung z. T. erheblich voneinander unterscheiden. Achten Sie auch darauf, welche Qualitätsstandards ein Verlag einhält; Lesbarkeit und Haltbarkeit sollten gewährleistet sein. Vielleicht kann Ihnen Ihre Betreuungsperson bei der Suche behilflich sein.
Prüfen Sie, welche Unterstützung Sie von Ihrem Verlag erwarten können, was die Vermarktung Ihres Buches anbelangt. Die Vergabe einer ISBN-Nummer und die Aufnahme ins Verzeichnis lieferbarer Bücher reicht für die Verbreitung keinesfalls aus. Der Verlag sollte Ihr Werk im Buchhandel und auf Messen offensiv anbieten. Achten Sie auf eine gute Kommunikationsstruktur zwischen Ihnen und dem Verlag, und halten Sie Kontakt zu Ihrer Lektorin/Ihrem Lektor. Lesen Sie Ihren Vertrag genau durch, und fragen Sie gegebenenfalls konkret nach. Vergleichen Sie auch die Vertragsbedingungen verschiedener Verlage – finden Sie heraus, welche Bedingungen in Ihrem Fall günstig sind. Je nach Verlag müssen Sie möglicherweise gravierende Veränderungen an Ihrem Manuskript vornehmen, es etwa drastisch kürzen oder Fußnoten einfügen oder entfernen.
Da die Veröffentlichung eine finanziell aufwendige Sache ist, sollten Sie sich beizeiten in Ihrem Fachbereich erkundigen, ob es Möglichkei-

ten gibt, einen Druckkostenzuschuß zu beantragen. Sprechen Sie mit Ihrer Betreuungsperson, und erbitten Sie ihre Unterstützung, denn in aller Regel muß der Antrag über sie ins Spiel gebracht werden.
Die Veröffentlichung Ihrer Dissertation ist der krönende Abschluß eines wichtigen Lebensabschnittes.

7 | Warum es sich dennoch lohnt zu promovieren

Vielleicht stellen Sie sich nach der Lektüre dieses Buches die Frage, ob Sie sich dieses Martyrium wirklich antun wollen. Ist Ihre Motivation stark genug? Trauen Sie sich diese Leistung zu? Bevor Sie jetzt aufgeben, beleuchten Sie Ihre Lebenssituation mit Hilfe der Liste zur Selbstprüfung auf Seite 8 erneut. Es ist zu schaffen! Führen Sie sich doch mal die Promovierten aus Ihrem Umfeld vor Augen: Sind das alle so geniale Geister? Urteilen Sie selbst!
Wir meinen, sie sind es nicht. Unsere reichhaltige Betreuungserfahrung hat uns gelehrt: Es kommt auf den Willen und die konsequente Umsetzung an. Die Arbeit an der eigenen Promotion hat uns klar gemacht, daß auch dieses riesig erscheinende Projekt aus kleinen Schritten besteht. Genau das wollen wir Ihnen mit diesem Buch verdeutlichen. Es soll Fehler vermeiden helfen und Tips und Tricks vermitteln, die wir uns in leidvoller Erfahrung selbst haben aneignen müssen.
Was bringt Ihnen die Promotion überhaupt? Nach der Promotion sind Sie ein anderer Mensch. Zum einen tragen Sie einen Titel, der Sie gesellschaftlich aufwertet. Zum anderen haben Sie extremes Durchhaltevermögen und Krisensicherheit bewiesen, Ihre Persönlichkeit weiterentwickelt. Sie wissen jetzt, daß Sie jedes weitere Projekt bewältigen können, und dieses Wissen wird Sie in Zukunft beflügeln. Beruflich haben Sie ab jetzt bessere Karten in der Hand, um Ihre Karriere gezielt zu realisieren.
Sie sollten sich über Ihre neue Lebenssituation früh Gedanken machen. Feiern Sie diesen neuen Lebensabschnitt ausgiebig mit Ihren Freundinnen und Freunden. Sie und alle, die Ihnen geholfen haben, haben es sich verdient. Ihr nächstes Projekt sollte also die Organisation und Durchführung eines rauschenden Festes sein. Gehen Sie nicht

einfach zur Tagesordnung über! Lassen Sie sich nicht hängen! Schöpfen Sie nach dieser entbehrungsreichen Zeit Kraft und Energie für die nächste Lebensphase. Machen Sie sich im Vorfeld Gedanken darüber, daß das Leben weitergeht und was Ihr nächstes berufliches und/oder privates Projekt sein soll. Lassen Sie sich bei Ihren Überlegungen nicht von den Leidensmomenten während der Promotion abschrecken.
Mit ein wenig Abstand werden Sie zu neuen Taten aufbrechen.

Falls Sie eine wissenschaftliche Karriere anstreben, ist Ihr Weg bereits vorgegeben. Mit Ihrer Promotionserfahrung sind Sie für die Habilitation gerüstet. Vielleicht haben Sie aber festgestellt, daß Sie Ihr Leben nicht der Wissenschaft widmen wollen? Dann sollten Sie sich jetzt nach einer anderen Karriere umsehen.

Wenn Sie nun promoviert ins Berufsleben zurückkehren, versuchen Sie, auch hier neue Herausforderungen anzunehmen.

Wenn die Promotion der Anfangspunkt einer beruflichen Karriere sein soll, dann ist jetzt der Moment gekommen, ins Leben zu treten. Ihr nächstes Projekt ist eine Bewerbung.

Als promovierende Mutter haben Sie die Erfahrung gemacht, daß es auch mal ohne Sie geht. Ihre Familie hat sich daran gewöhnt, Gemeinschaftsaufgaben zu übernehmen. Nutzen Sie diese Chance, und verwirklichen Sie Ihre Berufswünsche.

Als nunmehr promovierte Frau können Sie mit Recht selbstbewußt auftreten. Sie werden bemerken, daß Ihre Umwelt Ihnen auf Grund des erworbenen Titels eine andere Haltung entgegenbringt.

Ihnen allen wünschen wir viel Erfolg in Ihrem neuen Leben!

Index

A

Abbildungen 118, 133
Abgrenzung 19, 21, 55
Abhängigkeit 21
Abkürzungen 118
Ablage 112, 113
Ablagesystem 65, 103, 106
Abschlußnote 32
Abspeichern 134
Abwesenheit im Ausland 121
Adresse hinterlassen 121
Aktualisierung 113
aktuelle Forschung 112
amtliches Führungszeugnis 136
Anfang des Schreibens 105
Anschreiben 84
Arbeit optimieren 131
Arbeitsmarkt 55
Arbeitsplan und Gliederung 38, 61, 74, 84, 89, 90, 96, 111, 125
Arbeitsplatz 106
Arbeitsplatz nutzen 42, 44, 70
Arbeitsschritte 111
Arbeitsstunden 75
Arbeitssucht 21
Arbeitstitel 53, 102
Arbeitsvermeidungsstrategien 41
Argumentationslinie 105, 107, 131
Argumentationsschritte 103
Argumentationsschwäche 108
Aufnahme ins Promotionsverfahren 33
Ausdrucken 134
Ausland 55, 80
außeruniversitäre Erfahrung 24
Ausstattung, technische 78
Ausstiegsphasen 99
Auswertungsphase 94
Auswertungsschema 94
Autorität 114

B

Begabtenförderungswerke 81
Belastungsphase 124
Belegen von Zitaten 115
Beruhigungsstrategie 139
Bewerbung 76
Beziehungskrisen 129
Bibliographien 62, 65, 66, 67, 77, 89, 111, 113, 115, 116, 133
bibliographische Angaben 66
Bibliotheken 62, 63
Bildmaterial 111
Bildunterschriften 134
Biorhythmus 108
Bulletin Board 65
bürokratische Rahmenbedingungen 120
bürokratische Unterstützung 37, 120

C

Chaosabwehr 123
Chatting 65
Computer 63

D

Datenbank-Programm 66, 117
Datenbanken 62, 66
Datenerfassung 113
Datenmaterial 112
Datensicherheit 112, 113, 119, 123, 134
Deckblatt 37, 121, 136
Delegationsmöglichkeiten 40, 42, 43, 44, 46, 61, 74, 122, 123, 124, 126, 133
Diskussion 79
Disputation 37, 137
Dissertationszeit 75
Dokumentationssystem 94
Druck- bzw. Kopierversionen 135
Druckkostenzuschuß 144

E

E-mail 64
eidesstattliche Versicherung 121
Eingrenzen von Material 102
Endausdruck 134
Endlayout 133
Endnoten 115
Endphase 126, 129
Entspannungsphasen 125
Entspannungszeiten 127
Erhebung 95
Erhebungskriterien 89
Erscheinungsbild 140
Erstellungsdatum 134
experimentelle Arbeit 93
Exposé 67, 71, 80, 84
Exzerpt 67

F

FachhochschulabsolventInnen 37
Fairness der Betreuungsperson 31, 119
Feingliederung 103, 110
Fernleihe 63
Finanzierung 48
formale Kriterien 37, 66, 78, 110, 114, 120, 132
Formatvorlagen 133
Formelzeichen 118
Formulierung 109
Formulierung, endgültige 131
Formulierungshürden überwinden 104, 107, 109
Forschungsentwicklung 61
Forschungsmethode 51, 88
Forschungsphase 96
Forschungsschwerpunkte der Betreuungsperson 32, 53, 54, 69
Forschungsstand 71, 72
Forschungsüberblick 61, 72
Fragestellungen 67, 72, 87
Frauen 81, 83, 129, 141
Frauen und Autorität 27, 59
Frauenbeauftrage 60, 83
Fremdwörter 109, 110

frühere Promotionsversuche 136
Fußnoten 115

G

Gegenlesen lassen 105, 132
gestalterische Überarbeitung 133
Gesundheit 126
Gliederung 102
Graphiken 118
Grobgliederung 73, 103
Grundlagentexte 52
Gutachten 84

H

Hauptfragestellungen 71
hermeneutische Verfahren 95
Hierarchiestruktur der Universität 26
Hintergrundinformation 112
Hypothesen 71, 73, 74, 104, 108

I

inhaltliche Vorbereitung auf mündliche Prüfung 138
interdisziplinäres Thema 16
Interessen, eigene 52, 56, 69, 70
Internet 65
Internet-Anschluß 63
Interview 97
Isolation 58, 89
Isolationssituation 29

K

Kinderbetreuung 59

Kindererziehung 28, 43
Kommentare 67
Kommunikation mit der Betreuungsperson 32, 53
Kommunikation mit Verlagen 143
Korrektur 122
Korrekturlesen 131
Kosten der Veröffentlichung 143
Krisenzeiten 108, 120, 123
Kurzbeleg 116, 118

L

Layout 135
Lebenslauf 84, 121, 136
Leistungstief 108, 125
Lesen 67, 89
Literaturarbeit 89, 95
Logik der Prüfungssituation 138

M

Machtstrukturen 19, 57
Machtstrukturen an Hochschulen 34
Materialsammlung 61, 62, 65, 67
Methode 31
Methodik 68, 71, 75, 76, 79, 87, 96
Mithilfe der Familie 42, 43, 47, 48, 59, 100, 122, 124
Mithilfe der PartnerInnen 43, 47, 59
Monographie 76
Motivation 122

Motivationsstrategien 41, 45
mündliche Prüfung 37, 136

N
Nebenfächer 137
Netz 63, 64
Netzwerk 18, 29, 43, 48, 54, 55, 56, 60, 61, 64, 73, 89, 123
Notizen 67
Numerierungen 134
Nutzen von Pausen 25

O
Online-Archiv 63
Ordnen von Gelesenem 52
Ordnungssystem 102

P
Paraphrasieren 68, 116
Partnerschaft 127, 129
Persönlichkeitsstruktur der PrüferInnen 140
Pflichtexemplare 38, 121, 136, 141
Plagiat 67, 114, 119
Präsentation 78
Praxiserfahrung 24, 55, 57
Praxiskontakte 24
Pretests 95
Privatleben 127
Projektantrag 83
Projektplan und Gliederung 75, 76, 110, 111, 130, 132
Projektteilnahme 53, 54, 56, 74
Promotionsordnung 17, 36

Promotionszeit 33, 39
Protokoll 90
Prüfungsausschuß 38
psychologische Vorbereitung auf mündliche Prüfung 139

Q
quantitative Methoden 91, 92
qualitative Methoden 90

R
Rechtschreibung 106
Redezeit 78
Rigorosum 37, 137

S
Satzbau 108
Schlußkontrolle 133
Schreiben 101, 104, 113
Schreibtief 107
Seitenzahlen 134
Selbstbewußtsein 27, 28
Selbstdisziplin 30, 38
Selbsthilfe 43, 60
Selbstpräsentaion 80, 140
Selbstüberlistungsstrategien 107
Seniorenstudium 60
sensible Daten 106, 119
Software 109, 117
Stärken, eigene 53, 57
Statistik 92
Stichtag der letzten Änderung 113, 130
Stiftungen 81

Stipendienantrag 83
Stipendium 48, 49, 55, 71, 80
Stipendium-Broschüre 81
Stoffsammlung 52
Suchbegriffe 64, 66
Suchmaschinen 64
Systematik 112

T

Tabellen 118
Tagesplan 39
technische Unterstützung 47, 61, 62, 65, 109, 113
Textarbeit 95
Textversionen 101
Thema vertreten 77
Themengebiet eingrenzen 51, 52, 71
Themenspektrum für mündliche Prüfung 139
Theorie 76, 96
Theoriedefizit 57
Thesaurus 109

U

Überarbeitung 131
Überblick über Forschungslage 52
Überforderung 124
Überqualifizierung 28
Umgang mit der Verwaltung 37, 120, 135
Universitätslaufbahn 118, 123, 142

Unterlagen 121, 136
Unterlegenheitsgefühl in der Partnerschaft 129
Unterstützung durch Betreuungsperson 31
Unterstützungspotentiale 42, 43, 46, 53, 106
unveröffentlichte Materialien 116

V

Verhandlungen mit Verlagen 143
Verknüpfungspraxis 102
Veröffentlichung 38, 123, 141
Veröffentlichung auf CD-ROM 142
Veröffentlichung auf Microfiche 142
Veröffentlichung im Internet 142
Veröffentlichungsliste 136
Verschiebung des Abgabetermins 96, 121
Verständigungsschwierigkeiten mit der Betreuungsperson 35
Vertrauensperson 121, 132, 140
Volltextrecherche-Medium 66
Vorträge 67, 73, 77, 79, 85
Vortragsstil 79
Vorveröffentlichung 118

W

Wiedereinstieg 48, 58, 83
Wissenschaftsstand 29, 61
World Wide Web 63, 64

Z

Zahlenmaterial 112
Zeitplan und Gliederung 39, 75, 84, 91, 96, 99, 132, 139
Zeitpuffer 75, 96, 98
Zeugnisse 84
Zielgruppe 71
Zitate 114, 133
Zulassungsvoraussetzungen 17, 136
Zusatzunterlagen bei Abgabe 136
ZweitgutachterIn 112, 121
Zwischenergebnisse sichern 112